DIE GETEILTE SEELE

Mehr Bäume.
Weniger CO_2.
www.cpibooks.de/klimaneutral

MIX
Papier aus verantwor-
tungsvollen Quellen
FSC® C083411

Dr. Shird Schindler
Dr. Iris Zachenhofer:
Die geteilte Seele

© 2019 edition a, Wien
www.edition-a.at

Cover: Isabella Starowicz
Satz: Lucas Reisigl

Gesetzt in der Premiera
Gedruckt in Deutschland

1   2   3   4   5   —   23   22   21   20   19

ISBN 978-3-99001-334-2

DR. SHIRD SCHINDLER
DR. IRIS ZACHENHOFER

DIE GETEILTE SEELE

*Wie wir eins
mit uns werden*

edition a

INHALT

EINE MÄDELSPARTY UND
ANDERE KATASTROPHEN

Die Sonne schien bereits verdächtig hell in mein Schlafzimmer. Ganz entfernt erinnerte ich mich, den Handywecker ausgeschaltet zu haben, mein Kopf dröhnte und vorsichtig griff ich nach dem Telefon, um mich zeitlich etwas zu orientieren. 8.20 Uhr. Ich schreckte hoch, denn, du meine Güte, ich sollte schon seit zwanzig Minuten in der Morgenbesprechung im Krankenhaus sitzen. Soweit das in meinem verkaterten Zustand möglich war, sprang ich auf, suchte ein paar Kleidungsstücke zusammen und lief ins Bad. Das Frühstück würde heute wohl ausfallen müssen, aber vielleicht konnte ich unterwegs einen Coffee to go organisieren.

Während ich im Wohnzimmer eilig meine Stiefel anzog, musste ich dennoch schmunzeln, als ich die Schachteln sah, die neuen Kleider, die darin gekommen waren, meine komplette über das Wohnzimmer verteilte Garderobe und die leeren Weinflaschen. Ich hatte den Abend, an dem meine beiden kleinen Töchter, die noch bei mir daheim lebten, bei einer Freundin übernachteten, wirklich gründlich genützt.

Drei meiner besten Freundinnen waren da gewesen. Wir hatten Spaghetti gegessen und dazu eine Menge Rotwein getrunken. Dann hatten wir abwechselnd meine online bestellten neuen Kleider angezogen, sie mit meinen alten Teilen kombiniert, und schließlich meinen gesamten Kleiderschrank ausgeräumt und durchprobiert. Es war einfach nur genial gewesen.

Als kein Wein mehr da gewesen war, hatten wir uns über den letzten verfügbaren Alkohol, eine halbe Flasche lauwarmen Campari hergemacht, was wohl meine Kopfschmerzen erklärte. Ich hatte nur eine vage Ahnung, wann alle gegangen waren, aber es musste lange nach zwei Uhr gewesen sein.

Mist, jetzt erinnerte ich mich auch noch dunkel daran, dass irgendwann eins der Mädels ihr Handy an die Boxen angesteckt hatte und wir mitten in der Nacht in meinen neuen französischen Kleidern Cancan getanzt hatten – was trotz der Dämpfung durch den geerbten Perserteppich auf meinem Wohnzimmerboden ziemlichen Krach gemacht haben dürfte, denn wir waren gut in Form gewesen. Die Mieter unter mir waren leider recht kleinlich, was Lärm betraf, das würde mir also bestimmt wieder einen bösen Brief von der Hausverwaltung einbringen.

Dabei hätte es eigentlich ein gemütlicher Abend werden sollen, eine Art Ausklang, nachdem ich nach dem fulminanten Ende meiner letzten Beziehung bereits mit verschiedenen Freundinnen in Bars und Nachtclubs meine neu gewonnene Freiheit gefeiert hatte. Doch es hatte einfach zu viel zu besprechen und anzuprobieren gegeben, und die Stunden waren vergangen wie im Flug.

Schlafen kann ich noch, wenn ich tot bin, hatte ich mir gedacht, als ich zum Spaß ein neues Cocktailkleid gemeinsam mit meinen ebenfalls neuen Stiefeletten probierte und den Mädels zeigte. Damit hatte alles angefangen. Nun hatte ich keine Ahnung, wie ich heute den Tag überstehen sollte, aber sei's drum, wir hatten richtig Spaß gehabt, das war die Hauptsache.

Am Weg zum Bus spülte ich eilig zwei Aspirin mit einem Cappuccino hinunter. Meine Motivation, ins Krankenhaus zu fahren, hielt sich in Grenzen. Denn ich war weder körperlich noch mental auf der Höhe, wobei es bei meinem Job vor allem auf Letzteres ankam.

Es gab Momente, in denen mein Job mich erfüllte, aber es gab auch Momente wie diese, in denen ich mit ihm haderte. Welcher halbwegs normale Mensch arbeitet schon freiwillig auf der Psychiatrie? Waren meine Studienkollegen, die sich für Psychiatrie interessiert hatten, nicht schon immer eigenartige Typen gewesen, die mit dieser fachlichen Spezialisierung wohl eher Lösungen für ihre eigenen Probleme gesucht hatten? Das fragte ich mich einmal mehr, als ich den leeren Kaffeebecher in den Abfalleimer warf und meine Kopfhörer aufsetzte.

Während ich im Bus meine Mails checkte, bekam ich eine SMS von meinem Ex-Freund, der die Tatsache zu ignorieren schien, dass er jetzt mein Ex-Freund war. Er lud mich zu einer Vernissage am Abend ein.

Was dachte er sich eigentlich? Immerhin hatte er mich durch seine ständigen Nörgeleien so weit gebracht, vor Wut meinen Laptop aus dem Fenster zu werfen. »Verschwinde aus meinem Leben!«, hatte ich dazu gebrüllt, und natürlich Theo, meinen jetzigen Ex-Freund, und nicht den Laptop gemeint. Das war ja wohl mehr als eindeutig gewesen.

Ich hatte genug von ihm und all den anderen Fröschen, die ich schon geküsst hatte. Zuerst waren sie alle richtig süß, aber irgendwann wollten sie mir ständig das Leben erklären, mir ihre Vorstellungen überstülpen, mich verändern und mich kontrollieren. Wer brauchte sowas? Es war wirklich höchste Zeit für den Richtigen. Schließlich konnte es nicht zu viel verlangt sein, endlich einmal ein bisschen Glamour und Spaß zu haben.

Theo war der Schlimmste von allen. Ständig nannte er mich eine Chaotin und verlangte so unnötige Dinge von mir, wie die Dateien auf meinem Laptop zu ordnen oder meine 6.500 ungelesenen E-Mails zu löschen. Wenn ihn derlei so störte, hätte er das ja, als kleinen Liebesbeweis für mich, selbst erledigen können.

Als ich seine SMS noch einmal las, hätte ich vor Wut am liebsten auch gleich mein Handy gekillt. Nur würde nach den vielen neuen Kleidern mit der nächsten Kreditkartenabrechnung mein ohnehin überzogenes Bankkonto wieder eine Weile gesperrt sein. Jetzt auch noch ein Handy kaufen zu müssen wäre sicher nicht gerade optimal gewesen.

Das Krankenhaus, vor dem ich jetzt aus dem Bus stieg, war mir im Moment auch kein großer Trost. Eben noch war ich Neurochirurgin gewesen, ein Job mit Strapazen, die jede Art von Spaß und Glamour im Keim erstickten. Dazu war es auch noch eine Männerwelt, in der ich jeden Tag aufs Neue gegen deren Tendenz, mich als überambitionierte Krankenschwester abzustempeln, kämpfen musste.

Da hatte sich die Psychiatrie mit ihren neuen Herausforderungen als Zufluchtsstätte angeboten. Ein bisschen mit Patienten über das Leben reden, statt nächtelang Schädel aufsägen und Gehirne operieren, bei Besprechungen im Kreise verständnisvoller Psychiater-Kollegen sitzen, nicht mehr unter karrieregeilen Machos. Das hatte sich doch gut angehört.

Erst vier Wochen nach meinem Wechsel hatte ich darüber nachzudenken angefangen, was ich hier eigentlich sollte. Während meines Studiums war die Psychiatrie kein Thema für mich gewesen, außer wenn ich mit Studienkollegen darüber gescherzt hatte, dass dort die Patienten kaum von den Ärzten zu unterscheiden waren, und dass der Durchgeknallteste von allen mit hoher Wahrscheinlichkeit der Chef war.

Nun musste ich auch erkennen, dass der Job keineswegs so gemütlich wie erwartet war. Die Patienten forderten Aufmerksamkeit, die Diagnosen verlangten Verantwortungsbewusstsein und die Materie war komplex und bot weniger eindeutige Symptome als zum Beispiel ein Blutgerinnsel im Gehirn.

Immerhin gefährdete ich nicht gleich das Leben eines Menschen, wenn ich einmal unausgeschlafen zur Arbeit kam, und außerdem war ja nichts fix. Ich konnte auch wieder etwas Neues anfangen. Das hatte ich oft genug getan. Vieles interessierte mich. Ich hatte die Möglichkeiten noch nicht sondiert, aber mir war klar, was ich wollte: möglichst jeden Tag etwas Spannendes und Neues erleben.

Als ich die Ambulanz betrat, der ich seit einigen Tagen zugeteilt war, hätte ich mich am liebsten leise wieder davongeschlichen. Denn der Wartesaal war bereits knallvoll und das Pflegepersonal war von meiner knappen Stunde Verspätung ziemlich genervt.

Ersatz hatten sie zwischenzeitlich natürlich keinen gefunden. Schließlich hatten sie mich ja auch wegen Personalmangels in die Ambulanz versetzt, nach dem Motto: besser eine Anfängerin dort als gar kein Arzt. An und für sich wäre ich der Bettenstation zugeteilt gewesen, wo es ruhiger zuging. Bloß half mir das jetzt auch nichts.

Obwohl schon dicke Luft herrschte, brauchte ich zunächst noch eine Stärkung, um einigermaßen in die Gänge zu kommen. Auf die paar Minuten würde es nun auch nicht mehr ankommen, fand ich. Einer der Pfleger rettete mich mit einer Tasse Zimt-Kardamom-Kaffee, den er mit einer italienischen Espressomaschine auf der Herdplatte in der Ambulanzküche braute, und der selbst Tote zum Leben erweckt hätte. Angeblich hatten wegen dieses Kaffees schon Studenten überlegt, sich an unserer Abteilung zu bewerben.

Als ich mit meinen brandneuen Stiefeletten und den dazu passenden neuen Craft Jeans, einem echten Schnäppchen, mein Ambulanzzimmer erreichte, fand ich auf dem Tisch kaum noch Platz für die Tasse. Das Geschirr der vergangenen Tage türmte sich dort in mehreren Reihen zwischen Stapeln alter Blutbefunde, gelesenen, aber nicht eingeordneten neuropsychologischen Befunden, Schulungsunterlagen und Ankündigungen von Vorträgen und Tagungen, die mich gar nicht interessierten.

Ich schob das Chaos etwas beiseite und rief meinen Patienten auf. Als die Tür aufging, hob ich den Blick: »Was kann ich für Sie tun?«

Als ich drei Stunden später zwischen zwei Patienten rasch meine E-Mails checkte, las ich mit Entsetzen, dass eine Pariser Firma meinen Parka, den ich dort bestellt hatte, statt zu mir nach Wien nach Saudi-Arabien geschickt hatte. Ich war schlagartig den Tränen nahe und wunderte mich nicht einmal darüber. Ich kannte mich so schon seit einigen Tagen.

Denn, auch wenn ich das meinen Freundinnen so nicht gestanden hatte, waren die vergangenen Wochen für mich doch einigermaßen deprimierend gewesen. Wieder hatte mich eine Beziehung enttäuscht. Wieder musste ich mich von einem Freund trennen. Wieder musste ich von neuem nach der großen Liebe suchen. Das lastete vielleicht sogar schwerer auf meinem Gemüt, als ich es mir selbst eingestehen wollte.

Diese kleinen Belohnungen aus dem Internet waren da Balsam für die Seele, und umso bitterer fühlte es sich an, wenn ich unversehens auch dabei eine Enttäuschung erlitt. Doch wie es aussah, hatte ich bei der Bestellung des Parkas vor ein paar Tagen im Bus statt »Autriche« irrtümlich »Arabe Saudie« angeklickt.

Ich hatte allerdings keine Zeit, deshalb in Tränen auszubrechen, denn das Telefon läutete. Die koordinierende Krankenschwester informierte mich, dass draußen mehr als zwanzig Patientinnen und Patienten warteten. Ich ahnte, dass ich zum Teil selbst schuld daran war. Ich hatte wohl wieder einmal Termine, die ich per SMS ausgemacht hatte, nicht in meinen Kalender eingetragen, weshalb jetzt mehrere Patienten zur gleichen Uhrzeit bestellt waren. Optimal war das natürlich nicht.

Jetzt steckte auch noch eine übergenaue Fachärztin namens Therese ihren Kopf zur Tür herein. Therese beschwerte sich, dass meine weißen Mäntel und meine Bücher quer über die Abteilung verteilt herumlagen und forderte mich auf, endlich Ordnung in meine Sachen zu bringen. Therese ging auf mich los, seit ich hier war, doch heute schien es diese übergenaue Spinnerin ganz besonders auf mich abgesehen zu haben. Hatte die nichts Besseres zu tun, als harmlose Quereinsteigerinnen mit kleinkariertem Quatsch zu quälen?

Meine nächste Patientin war eine junge, depressive Frau, die ihre Probleme seit geraumer Zeit im Alkohol ertränkte. Sie erzählte mir lang und breit, dass sie an nichts mehr Freude habe, und wie trost- und sinnlos ihr Leben wäre.

Ich hatte Schwierigkeiten, ihr zu folgen, denn sie redete leise und monoton, sodass meine Gedanken immer wieder abdrifteten. Mir fielen Dinge ein, die ich noch erledigen musste. Was ich heute zum Essen einkaufen könnte und wie gut es mir im Großen und Ganzen dann doch gelang, meine eigene düstere Stimmung mit Onlineshopping zu bekämpfen.

Inzwischen erzählte die Frau, dass sie früher Sport gemacht hatte und sich nun nicht mehr dazu aufraffen konnte. Mir fiel ein, dass ich aus dem gleichen Grund meinen letzten Surfkurs geschmissen hatte. Vielleicht sollte ich einen neuen buchen. Würde sie es merken, wenn ich rasch die aktuellen Angebote der Surfschule checkte?

Am Ende des Gesprächs wusste ich nicht genau, wie ich mit ihr umgehen sollte. Brauchte sie Medikamente? Das war immerhin eine weitreichende Entscheidung für sie. Ich schickte sie ins Wartezimmer zurück und rief Shird, den Ambulanzoberarzt, an, um zur Sicherheit seine Meinung dazu einzuholen.

Während ich auf Shird wartete, checkte ich die Surfkurse und bekam mit, dass meine E-Mail wegen meines Parkas zurückgekommen war, und dass inzwischen DHL dessen Auslieferung in Saudi-Arabien übernommen hatte, an welche Adresse auch immer. Während ein besonders ungeduldiger Patient schon an die Tür der Ambulanz klopfte, kam von der anderen Seite Shird herein, doch ehe ich ihm für sein rasches Auftauchen danken konnte, läutete mein Telefon. »Ich hebe besser ab, vielleicht ist es wichtig«, sagte ich hektisch.

Shird machte es sich auf dem Patientensessel bequem, während mir der Schweiß ausbrach. »Kindergarten Laudongasse«, flötete die freundliche Stimme, »die kleine Franzi wartet darauf, abgeholt zu werden. Ihre Mama sagte mir, Sie würden heute kommen.«

»Oh du meine Güte«, sagte ich, »ist das heute? Das kann unmöglich heute sein.«

Gleichzeitig erinnerte ich mich daran, dass ich meiner Schwester versprochen hatte, ihre Tochter abzuholen und mit ihr in den Zirkus zu gehen. Die Tickets in der besten Loge hatten mich ein Vermögen gekostet, aber ich liebte den Zirkus selbst, und einmal mit meiner kleinen Nichte Franzi hinzugehen hatte ich mir spaßig vorgestellt. Aber doch nicht heute!

Hektisch blätterte ich im Kalender, aus dem Post-its und Rechnungen fielen, aber es gab keinen Zweifel: Tatsächlich war heute Zirkustag. Ich stammelte ins Telefon, dass ich schon unterwegs sei, und wandte mich dann an Shird, der mich lächelnd beobachtete. »Ich muss sofort meine Nichte abholen und davor noch unsere Tickets für den Zirkus in diesem Chaos hier finden. Draußen warten noch drei Patienten auf mich, die ich irrtümlich gleichzeitig bestellt habe, ich bin müde, hungrig und ein mit schwarzen Palmen und Leoparden bestickter Parka, der mich irgendwie retten hätte können, wird gerade nach Saudi-Arabien statt zu mir nach Hause geschickt. Keine Ahnung warum, aber mein Leben entgleist gerade vollkommen!«

Während abermals ein ungeduldiges Klopfen an der Tür ertönte, fiel Shirds Blick auf meinen überquellenden Kalender, die Berge an Unterlagen und das leere Geschirr. Gelassen und freundlich, wie es seine Art war, sagte er schließlich: »Du kannst deine Probleme lösen, indem du dich mit Christopher anfreundest.«

»Wer bitte ist Christopher?«, fragte ich.

CHRISTOPHER UND DIE ANDEREN

Am nächsten Morgen im Bus fühlte ich mich unbehaglich. »Wir müssen reden«, hatte Shird noch gesagt, ehe ich zu Franzi aufgebrochen war. Ein Satz, der wegen meines stets latent schlechten Gewissens bei mir schon immer unangenehme Erwartungen ausgelöst hatte.

Und wer war dieser Christopher?

Das hatte mir Shird nicht mehr verraten. Er war doch hoffentlich nicht wieder einer dieser Gurus, die Ordnung ins Leben zu bringen versprachen. Shird hatte keine Ahnung, wie viele Bücher solcher Gurus ich in meinem Leben schon geschenkt bekommen hatte, von wohlmeinenden oder genervten Freundinnen, Ex-Freunden, Arbeitskollegen und Verwandten.

Denn im Prinzip waren schon immer alle gegen mich gewesen. Unter den Menschen, die mich etwas näher kennengelernt hatten, gab es kaum welche, die mich nicht chaotisch oder zumindest schlampig gefunden hätten, und die das nicht irgendwann auch mehr oder weniger freundlich angemerkt hätten.

Ich hatte diese Ratgeber tatsächlich alle gelesen. Von »Magic Cleaning«, über »Minimalismus« bis »Simplify your life« kannte ich sie alle. Ich kannte ihre Powertipps, wie ich durch Aufräumen und Entrümpeln mit weniger leben und dabei Zeit und Geld sparen konnte, wie ich meinen Konsum kontrollieren und dabei gelassener und entspannter, freier und glücklicher werden konnte.

Fast wie eine Sekte kam mir diese Aufräumfraktion inzwischen vor, die ewiges Glück durch Ordnung versprach. Bloß hatte sie mir nie wirklich geholfen. Ich verstand zwar die Botschaft und fand sie theoretisch auch richtig, aber letztendlich schien sie mir für Streber und penible Listenschreiber gemacht zu sein, nicht für mich. Ich war einfach die Falsche dafür.

Unseren Ambulanzoberarzt Shird mochte ich eigentlich. Er war kompetent und gut darin, sein Wissen weiterzugeben. Dabei war er nie überheblich, sondern einfühlsam und verständnisvoll. Keine menschliche Schwäche schien ihm fremd zu sein, und er schien alle Schwächen weniger als Makel, sondern vielmehr als Macken zu betrachten, die Menschen immer auch zu etwas Besonderem machten.

Heute hatten wir miteinander Nachtdienst und wie immer bei solchen Gelegenheiten trafen wir einander vor der Dienstübergabe zum Mittagessen in der Kantine unseres Krankenhauses, die in dem geschichtsträchtigen Jugendstilgebäude am westlichen Rand Wiens eingerichtet war und mit Terrasse samt Blick auf Magnolien und Birken punktete.

Wir nahmen beide das Wiener Schnitzel, das hier jeden Tag auf der Speisekarte stand. »Wer ist dieser Christopher, den du gestern erwähnt hast?«, fragte ich Shird, als wir uns in die Sonne setzten. Ich fragte das weniger aus Interesse, sondern eher um ihm zuvorzukommen. Ich wollte diese Neuauflage eines Gesprächs, das ich schon oft genug geführt hatte, so rasch wie möglich hinter mich bringen.

Shird erzählte mir, dass er vor vielen Jahren als Assistenzarzt an der Wiener Universitätsklinik einen Neurologen namens Christopher kennengelernt hatte. Christopher war fachlich brillant. Er wusste immer alles bis ins letzte Detail, konnte bei seinen Patienten mehr Differentialdiagnosen aufzählen, als in den neurologischen Lehrbüchern standen, bemerkte die kleinste Lähmung des winzigsten Augenmuskels, kannte sämtliche Befunde seiner Patienten auswendig und spürte selbst in kilometerlangen EEG-Kurven noch eine auffällige Zacke auf.

Dieser Christopher suchte vor jeder Diagnose so lange und so genau nach Symptomen, bis er ganz sicher die richtige gefunden hatte, und er war dabei ein ruhiger, besonnener und verlässlicher Mensch, der immer von allem in feinsäuberlicher Schrift Tabellen führte. Das war ihm besonders wichtig. Wenn am Abend sein Tagesverlauf mit all seinen Ereignissen nicht in diverse Tabellen eingeflossen war, konnte er angeblich nicht schlafen.

Shird hatte Christopher bewundert und ihn für sich zu einem lebenslangen Vorbild gemacht. »Kommt dir dieser Typ Mensch aus deinem Studium bekannt vor?«, fragte er mich.

Ich dachte nach. Pflichtbewusst, zielstrebig, zuverlässig und eventuell etwas pedantisch, was für einen diagnostizierenden Arzt ja durchaus günstig war. »Christopher ist eine klassische zwanghafte Persönlichkeit«, antwortete ich. »Und mit dem soll ich mich jetzt anfreunden? Warum? Damit etwas von ihm auf mich überspringt? Worum geht es hier?«

»Zwei Seelen wohnen, ach! in meiner Brust«, antwortete Shird. »Kennst du dieses Zitat aus Goethes ‚Faust‘? Darum geht es hier, bloß dass auch das nur die halbe Wahrheit ist.

In Wirklichkeit wohnen vier Seelen in der Brust von jedem von uns. Jeder von uns birgt vier Persönlichkeiten in sich. Nicht irgendwelche Persönlichkeiten, sondern ganz bestimmte. Es sind bei jedem von uns die gleichen vier, bloß sind sie bei jedem unterschiedlich stark ausgeprägt. Kennst du den Psychologen und Psychoanalytiker Fritz Riemann? Er hat das bereits 1961 dokumentiert.«

»Riemann sagt mir natürlich etwas«, log ich. »Aber was hat das mit deinem Christopher zu tun?«

»Christopher steht für mich für eine dieser vier Persönlichkeiten, die wir in uns vereinen«, sagte er. »Für die zwanghafte, wie du ganz richtig bemerkt hast. Sie hat wie jede dieser Persönlichkeiten Vor- und Nachteile. Sie sorgt für Ordnung, aber sie kann auch pedantisch sein. Sie ist genau, aber sie kann auch übergenau sein. Ist die zwanghafte Persönlichkeit bei dir zu stark ausgeprägt, wirkst du pedantisch und übergenau. Ist sie zu schwach ausgeprägt, wirkst du wie eine Chaotin.

Ich würde sagen, wie der Fall bei dir liegt, ist ziemlich eindeutig. Würdest du dich mit dem Christopher in dir anfreunden und mehr von ihm zulassen, käme schnell Ordnung in dein Chaos.«

»Wow«, sagte ich. »Plötzlich Patientin.«

»Ach was«, sagte Shird. »Die vier Persönlichkeiten, die jeder von uns in sich vereint, sind bei den wenigsten von uns im Gleichgewicht. Denk nur an unsere Kolleginnen und Kollegen. Da fallen dir bestimmt welche ein, die eher zu viel Christopher haben.«

»Du meinst Therese, diese Spinnerin«, sagte ich. »Sie ist heute wieder wegen meiner Mäntel und Bücher auf mich losgegangen.«

Shird winkte ab. »Ich nenne keine Namen, aber es tut jedem von uns gut, am Gleichgewicht zwischen den vier Persönlichkeiten in uns zu arbeiten. Es ist immerhin eine Voraussetzung dafür, glücklich oder zumindest zufrieden leben zu können. Denke an ein vierköpfiges Team. Jeder der vier in diesem Team hat bestimmte Stärken und bietet in Krisensituationen bestimmte Lösungsmöglichkeiten an. Dominiert ein Mitglied des Teams oder fällt eines ganz aus, haben alle ein Problem.«

»Ehrlich gesagt habe ich noch nie von diesem Riemann gehört«, gab ich jetzt zu. »Aber deine Geschichte erklärt wirklich manches. Wo finde ich den Psychiater, der den Christopher in mir mit meinen anderen drei Persönlichkeiten in Einklang bringt, damit ich nie wieder Patienten gleichzeitig bestelle und immer pünktlich bin, wenn ich mit meiner Nichte in den Zirkus will?«

»Du brauchst keinen Psychiater«, sagte Shird. »Das Schöne an der Sache ist, dass die vier Teile unserer Seele beziehungsweise die Verhältnisse zwischen ihnen unser Leben lang wandelbar bleiben. Wir haben jederzeit die Möglichkeit, schwächere Anteile zu stärken und dominante etwas in den Hintergrund zu drängen, und wir können das selbst.«

»Ich bin also kein hoffnungsloser Fall?«

Als ich Shird lächeln sah, fragte ich mich, wie oft er diese Geschichte wohl schon Patienten erzählt hatte. Aber egal, dachte ich. War ich eben die mit dem unterentwickelten Christopher.

»Du bist weder ein hoffnungsloser noch ein schlimmer Fall«, sagte er.

Während Shird für uns Apfelstrudel und zwei Espressi holte, fiel mir ein, dass auch ich einen ziemlich lupenreinen Christopher kannte. Ich hatte ihn vor einigen Monaten kennengelernt, nachdem mir ein Freund, angesichts des Chaos in meinen Finanzen, den Steuerberater seines Vertrauens empfohlen hatte. In dessen Kanzlei war ich mit einer Reisetasche voller Ordner und Zettel aufgekreuzt.

Als in seinem Besprechungszimmer mit den säuberlich geordneten Büchern und Ordnern der Inhalt meiner Tasche auf einen großen, leeren Glastisch gequollen war, war mir mein Chaos richtig peinlich gewesen. Um die Peinlichkeit noch zu steigern, begleiteten ein paar Federn, Tannenzapfen und Gräser vom letzten Waldspaziergang mit Franzi, meiner jüngsten Tochter und meinem Hund die Unterlagen.

Ich kam mir erbärmlich wie eine Obdachlose vor, die bei einer Polizeikontrolle ihr Hab und Gut auf dem Gehsteig ausbreiten muss. Der Steuerberater schenkte mir ein Lächeln, in dem kein Vorwurf lag, sondern nur ehrlich empfundenes Mitleid, und nach anderthalb Stunden mit ihm hatte ich die beruhigende Gewissheit, dass selbst mein Chaos zu bändigen war.

Er gab mir das Gefühl, dass ich, wenn ich nur wollte, wie eine dieser Frauen aus amerikanischen Fernsehserien werden konnte, die in einem schlichten Kleid und mit perfekter

Frisur an einem Schreibtisch saßen, auf dem nur drei gespitzte Bleistifte lagen, nicht wie auf meinem eine undurchdringliche Dokumentation der Vielfalt des Lebens. Die daheim einen Schrank voller nach Farben geschlichteter und nach Lavendel duftender Wäsche hatten, nicht wie ich einen immerzu voll behängten Wäscheständer, den auch noch ständig mein für die Wohnung viel zu großer Hund umwarf. Die sich Anfang der Woche überlegten, was sie kochen würden, die nicht wie ich regelmäßig hungrig zum Supermarkt liefen, um sich Baguette, Ziegenkäse und Rotwein zu holen.

Bloß, wollte ich so sein? Nein. Und jetzt fragte ich mich auch, was diesen Frauen aus den amerikanischen Serien oder meinem Steuerberater dafür wohl fehlte. Spontane Besäufnisse mit Freunden gab es in ihrem Leben wohl eher nicht, womit ihnen meiner Meinung nach etwas sehr Wesentliches fehlte.

Beim Nachtisch sprachen Shird und ich weiter über die geteilte Seele. Riemann hatte in den 1960er-Jahren offenbar viel Aufmerksamkeit für seine Forschung erhalten, dennoch fanden wir beide, dass die Psychologie das Thema stiefmütterlich behandelte und es im öffentlichen Bewusstsein zu wenig präsent war.

»Vielleicht liegt es an den wissenschaftlichen Bezeichnungen der vier Persönlichkeiten, die wir in uns vereinen«, sagte Shird. »Neben der zwanghaften gibt es noch die schizoide, die depressive und die hysteriforme. Damit kann sich niemand identifizieren.«

»Es klingt tatsächlich nicht besonders sexy«, sagte ich. »Es klingt, als hätten die vier Persönlichkeiten in uns nur schlechte Seiten, was ja nicht der Fall zu sein scheint.«

Shird nickte. »Ich tue mir bei meinen Patienten immer leichter, wenn ich von dem Christopher in ihnen statt von ihren zwanghaften Persönlichkeitsanteilen spreche«, sagte er.

Wusste ich es doch. Plötzlich Patientin. Aber egal. »Hast du für die anderen drei auch neue Namen gefunden?«, fragte ich.

»Ich arbeite daran. Es sollten neutrale Namen wie eben ‚Christopher' sein.«

Es war tatsächlich ziemlich unfair von Riemann und Konsorten gewesen, den vier Persönlichkeiten, die miteinander unser Wesen ausmachten, so abschreckende Namen zu geben. Denn jede davon hatte definitiv auch positive Seiten.

Der Typ Christopher konnte nicht nur ein fantastischer Steuerberater sein. Mit ihm war zum Beispiel auch das Reisen angenehm. Er kümmerte sich um Planung, Flugzeiten und Buchungen. Er fertigte dabei auch gleich Kopien von Reisepässen, Kredit- und Bankomatkarten sowie den Kontaktdaten an.

Wer auf einem Flug mit einem Begleiter des Typs Christopher ein Gepäckstück verlor, konnte sicher sein, dass sich Christopher bis zum Zuständigen der betreffenden Fluglinie vorkämpfen und das Gepäckstück auch noch in die versteckteste Bambushütte auf der entlegensten Insel nachliefern lassen würde.

Christopher steht für Ordnung, Genauigkeit, Planung.

Hartnäckigkeit war überhaupt eine Stärke des Typs Christopher. Ich musste sie sogar meiner ungeliebten Kollegin Therese zubilligen. »Ich habe jetzt einen Termin beim Chef«, hatte ich sie einmal zu einer Krankenschwester sagen gehört, »und ich werde erst vom Sessel aufstehen, wenn ich alles erreicht habe, das ich erreichen will. Soll es meinetwegen zwei Stunden oder noch länger dauern. Das ist dann sein Pech.«

Die Schattenseiten, die der Typ Christopher neben dem Hang zur Pedanterie hat, sind allerdings auch bemerkenswert. So kann sein Bedürfnis, Projekte abzuschließen, zu einer regelrechten Verbissenheit führen. Für ihn ist es unbegreiflich, wie jemand lesen, dösen oder Musik hören kann, wenn noch Dinge zu erledigen oder zu ordnen wären. Er bringt Arbeiten zu Ende, gnadenlos, egal um welche Uhrzeit und wie es seinen Mitmenschen dabei geht.

Ich kannte das von Theo, meinem Ex-Freund, der eindeutig einen starken inneren Christopher hatte. Er wollte auch dann noch die Vorhangstange montieren, wenn ich nach einem Nachtdienst vor Müdigkeit schon doppelt sah und fast von der Leiter fiel.

Dabei läuft der Typ Christopher auch noch ständig Gefahr, sich in unwichtigen Details zu verlieren und sich in Nebenschauplätze zu verbeißen. Es ist dann, als stünde er direkt vor einem großen impressionistischen Gemälde und als starre er immer nur einen einzigen Punkt an, statt ein paar Meter zurückzutreten und entspannt das ganze Bild zu betrachten.

Jetzt fiel mir eine ganze Reihe von Menschen mit ausgeprägtem inneren Christopher ein. Eine Oberärztin an der Neurochirurgie zum Beispiel, eine frühere Kollegin von mir. Sie war für das Erstellen der Dienstpläne verantwortlich. Dabei verrannte sie sich regelmäßig mit ihrem Perfektionswahn und saß nächtelang an Korrekturen und Verbesserungen. Ihre Dienstpläne waren immer voller überflüssiger Details in rot, blau, grün und gelb.

Oder eine andere Ärztin, mit einem ebenfalls stark ausgeprägten inneren Christopher. Eine Krankenschwester rief sie einmal wegen eines Notfalls an, wegen eines epileptischen Anfalls. Die Ärztin meinte, sie könne nicht gleich kommen, denn sie müsse erst noch die Laborbefunde fertig ordnen. Zum Glück war gerade ein anderer Arzt vor Ort und konnte sich um den Patienten kümmern. Die Ärztin kreuzte erst auf, als der epileptische Anfall längst vorbei war.

Auch das Bedürfnis des Typs Christopher, alles genau zu planen, kann sich zu einer Schattenseite entwickeln. Mein Theo, zum Beispiel, wäre niemals zu einer Straßenbahnhaltestelle gegangen, ohne die nächsten fünf Abfahrtszeiten zu kennen. Wollte ich unterwegs dahin bei einem Straßenmusiker oder vor einem Schaufenster stehenbleiben, löste das bei ihm ein geradezu körperliches Unbehagen aus, so wie ihn überhaupt Dinge, die nicht nach seinen Plänen liefen, ungemein stressten.

Der Typ Christopher versucht deshalb, seine Umgebung zu kontrollieren und seine Ansichten anderen aufzudrängen. Dementsprechend angespannt ist er, wenn sich jemand seiner Kontrolle entzieht. Er hat immer Angst, Chaos könnte entstehen.

Eine meiner besten Freundinnen hatte einen Mann geheiratet, dessen innerer Christopher ebenfalls dominant war. Er konzentrierte seinen Hang zum Ordnen und Zählen am liebsten auf seine Finanzen und war unglaublich geizig. Sogar im Urlaub rechnete er jeden Abend genau aus, wer wie viel Geld wofür ausgegeben hatte. Er vergaß dabei weder das Eis am Vormittag noch den Toiletteneintritt am Nachmittag. Allerdings kotzte er regelmäßig das Klo voll, weil er aus Sparsamkeit verdorbene Lebensmittel gegessen hatte.

Ich habe Tränen gelacht, als mir diese Freundin vom Ordnungswahn ihres Christopher-Mannes, der selbst im Schlafzimmer seinen Ausdruck fand, erzählte. »Zuerst von vorne, dann von hinten, dann von der Seite, immer nach Plan«, sagte sie. Sie hatte den Verdacht, dass er dabei auch einem genauen Zeitplan folgte und ständig auf die Uhr sah.

Ein Freund von mir bekam auf die Frage, warum sich seine Frau, die ebenfalls einen ausgeprägten inneren Christopher hatte, von ihm trennte, die Antwort: »Weil du, egal wie oft ich es dir sage, immer die Klopapierrolle verkehrt herum aufhängst. Ich halte das nicht mehr aus.«

In den Wohnungen des Typs Christopher ist nicht nur alles geometrisch angeordnet, sondern auch spiegelblank. Schuhe im Schuhregal sind nicht nur millimetergenau nebeneinander abgestellt, nach Farben, Absatzhöhe und Jahreszeiten sortiert, sondern auch auf Hochglanz poliert. In den Kleiderschränken sind oft sogar die Abstände zwischen den einzelnen Kleiderbügeln genau gleich.

Der Typ Christopher macht uns auch in vielerlei Situationen des Alltags das Leben schwer. Diese Menschen sind diejenigen, die als Beamte, Lehrer oder Vorgesetzte eisern an ihren Regeln und Grundsätzen festhalten und niemals ein Auge zudrücken. Sie sind die Busfahrer, die keine Sekunde warten, die Finanzbeamten, die sich auch noch den kleinsten Beleg vorlegen lassen, und die Verkäuferinnen, die hinter der um Punkt 18 Uhr verschlossenen Ladentür den Kopf schütteln, wenn wir dringend noch etwas brauchen.

In ihrer übermäßigen Korrektheit äußert sich auch, oft ohne dass es ihnen selbst bewusst ist, die Aggression von Menschen mit dominantem innerem Christopher. Sie kann bis ins Sadistische gehen und so zu einer Art von Machtausübung werden. Dementsprechend fühlt sich der Typ Christopher auch von Berufen angezogen, die ihm Macht verleihen. Er geht gerne zum Militär oder wird Polizist, Richter, Lehrer oder Staatsanwalt.

Die guten Eigenschaften des inneren Christopher: Er ist stabil, pflichtbewusst, belastbar, fleißig, zielstrebig, verantwortungsbewusst, zuverlässig und gewissenhaft.

Die schlechten Eigenschaften des inneren Christopher: Er ist pedantisch, starr, geizig, unflexibel, zwanghaft, engstirnig, kontrollierend und stur.

Shird musste wegen eines Notfalls in die Ambulanz zurück und ich ging inzwischen zur Dienstübergabe. Während ich unter den großen Tannenbäumen des Krankenhausparks zu unserem Pavillon schlenderte, fiel mir ein Interview mit Isabel Marant ein, das ich jüngst beim Friseur in der Vogue gelesen hatte.

Ich hatte die französische Designerin immer für ihren Stil, ihre Kreativität und ihr Leben bewundert. Unzählige Artikel hatte ich schon davor über sie gelesen, und wenn ihre Mode auch nie meine Preisklasse gewesen war, hatte ich doch stets versucht, ihren lässigen Stil zu imitieren.

Ich kannte Fotos der Ateliers von Isabel Marant, die voll mit Skizzen, Kleiderständern, Kleidungstücken, Stiften, Fotos, Büchern, Models und Accessoires waren. Sie hatten mich darin bestätigt, dass Kreativität nur im Chaos entstehen konnte. In jenem Interview erzählte sie allerdings, dass sie überaus strukturiert und geordnet sei, und dass sie gut rechnen und überhaupt gut mit Zahlen umgehen könne.

Ich war überrascht. Nichts von dem, wie ich mir Isabel Marant immer vorgestellt hatte, war danach noch gültig. Jetzt wurde mir klar, dass unter ihren vier Persönlichkeiten Christopher eine tragende Rolle spielte und in ihrem der Kreativität gewidmeten Leben für Ordnung sorgte. Vielleicht machte er damit ihre Erfolge sogar erst möglich.

Wenn Isabel Marant so einen starken Christopher hat, will ich auch einen, grübelte ich, vielleicht müsste ich mich wirklich mit ihm anfreunden, so wie es Shird vorgeschlagen hatte. Allerdings mit der netten Version von ihm. Der penible, kontrollierende und potenziell geizige Christopher fühlte sich für mich nach wie vor eher wie ein bösartiger Gehirntumor an.

Mit einem dominanten Christopher ...

... haben wir einen ausgeprägten Wunsch nach Beständigkeit. Wir haben eine Sehnsucht nach Dauer, nach einer verlässlichen Wiederkehr des Gewohnten und Vertrauten.

Das ist an und für sich nichts Schlechtes, auch wenn es in einer dynamischen Welt wie unserer, mit ständigen Veränderungen, so scheinen mag. Dauer und Wiederkehr der gleichen Eindrücke sind schon in unserer Kindheit wichtig für die Entwicklung unseres Gedächtnisses und für unsere Orientierung in der Welt.

Beides gilt auch für uns als Erwachsene. Nur wenn wir so etwas wie Beständigkeit in uns selbst entwickeln, können wir mit den laufenden Veränderungen und dem Chaos des Lebendigen umgehen und es einordnen.

Wenn unser innerer Christopher aber zu dominant ist, dann ist unsere Sehnsucht nach Dauer und damit nach Sicherheit zu stark ausgeprägt. Wir haben dann Angst vor Veränderungen. Wir wollen dann immer alles beim Alten belassen und halten eisern an Gewohnheiten und Grundsätzen fest. Wir sind skeptisch gegenüber allem Neuen. Wir sind besonders vorsichtig und handeln vorausblickend.

Das macht uns dann einerseits zu genauen Planern, andererseits wollen wir aus Angst vor Veränderungen immer die Oberhand gewinnen. Wir wollen so viel wie möglich von unserer Umgebung kontrollieren und alles in Schemata und Regeln zwängen. Wir würden unseren Mitmenschen am liebsten vorschreiben, wie sie zu sein haben, statt uns darauf einzulassen, wie sie nun einmal sind.

Wir neigen mit einem dominanten inneren Christopher dazu, Selbstbeherrschung und Kontrolle zu idealisieren und unsere Aggressionen äußern sich häufig in übermäßiger Korrektheit oder pedantischer Ordentlichkeit. Durch unseren ständigen Drang, uns zusammennehmen zu müssen und unsere ständige Selbstkontrolle entwickeln wir mit einem dominanten Christopher auch besonders leicht hypochondrische Symptome.

In der Liebe kennen wir uns mit einem dominanten Christopher nicht wirklich aus, denn das Irrationale ist für uns beunruhigend. Wir versuchen, uns in einer Beziehung an Vereinbarungen zu halten, doch wirklich sicher fühlen wir uns nur, wenn wir diejenigen sind, die alle Entscheidungen treffen.
Von unseren Partnern verlangen wir, sich auf genau die Art von Beziehung einzulassen, die wir uns vor-

stellen. Gleichzeitig erleben wir Beziehungen oft als schicksalhaft und können uns gar nicht vorstellen, dass sie einmal enden könnten.

Mit einem besonders schwach ausgeprägten Christopher ...

... haben wir Probleme damit, uns zu organisieren und eine gewisse Konstanz im Leben zu entwickeln und zu erhalten. Wir verlieren oft den Überblick, denn so wie unsere schnelllebige, sich ständig verändernde Welt Anpassungsfähigkeit und Flexibilität verlangt, verlangt sie auch die Fähigkeit, Ordnung und Stetigkeit zu bewahren. Mit einem schwach entwickelten Christopher überfordern uns diese ständigen Veränderungen schnell, Stress und Burnout sind nicht selten die Folge.

Partner und Freunde sind häufig die Leidtragenden. Allzu oft vergessen wir Geburtstage oder sagen ein Treffen im letzten Moment ab, weil wir den Überblick über unsere Termine und Verpflichtungen verloren haben. Insbesondere für den Partner ist es schwer, uns als verlässlich wahrzunehmen, worunter häufig einer der wichtigsten Bausteine einer Beziehung leidet, das Vertrauen.

Im Beruf kann es häufig zu Fehlern kommen, besonders in stressigeren Zeiten. Wir verlegen Akten, vergessen wichtige E-Mails und Termine, machen das, was im Volksmund als Schlampigkeitsfehler bezeichnet wird.

Mit einem schwachen Christopher leben wir häufig einfach in den Tag hinein, machen uns wenig Gedanken über Verpflichtungen gegenüber uns und anderen Menschen. Dies kann eine Zeit lang durchaus ein entspannter Zugang zum Leben sein, bis sich unsere Verpflichtungen so weit aufgetürmt haben, dass sie auf uns herabstürzen und uns zu erdrücken erscheinen.

Während vor mir die Bettenstation in Sichtweite kam, suchte ich Namen für die drei anderen Persönlichkeiten, die wir in uns vereinten. Sie sollten inspiriert von Menschen sein, die ich kannte, und bei denen die jeweilige Persönlichkeit klar dominant war.

Diese mit Christopher dann insgesamt vier Namen würden es mir leichter machen, mich mit den hinter ihnen stehenden Persönlichkeiten zu beschäftigen. Von einer quasi medizinischen, psychiatrischen Auseinandersetzung mit mir selbst, den Menschen in meiner Umgebung und meinen künftigen Patientinnen und Patienten würde das Ganze zu einem kleinen Spiel mit großer Wirkung werden.

Wie sollte ich die von der Wissenschaft so trocken und abfällig als »schizoid«, »depressiv« und »hysteriform« eingestuften Persönlichkeiten nennen?

SOPHIE

Der Dienst verlief zum Glück ruhig, weshalb ich mich schon am späten Nachmittag mit einer Gymnastikmatte aus dem Physiotherapieraum auf dem Flachdach unseres Pavillons in die Sonne legen konnte. Aus Sicherheitsgründen war es streng verboten, das Dach zu betreten, und ich musste dafür durch das Fenster unseres Dienstzimmers klettern, aber UV-Strahlung erhöht bekanntlich den Spiegel des Glückshormons Serotonin im Gehirn, was wiederum gut für meine Leistung im Job war. Ich fand das relevanter als pingelige Vorschriften.

Während ich überlegte, meine Sonnencreme und die mit Wasser gefüllte Sprühflasche aus dem Dienstzimmer zu holen, läutete mein Telefon. Eine ehemalige Kollegin von der Neurochirurgie, Sophie, war dran. Sie beschwerte sich, dass sie gerade Nachtdienst gehabt hätte und trotzdem den ganzen Tag in der Klinik bleiben musste, weil eine Patientin bei einer nächtlichen Operation verstorben war. »Konnte die nicht warten, bis sie in der Intensivstation liegt?«, schimpfte sie.

Auch wenn Sophie schrecklich empathielos war, hatte sie recht. Ich hatte es selbst oft genug erlebt. Tote am OP-Tisch machen Probleme. Für Neurochirurgen in unserem System war es besser, wenn sie erst nach einer Operation starben. Starben sie während der Operation, bedeutete das jede Menge Erhebungen und Bürokratie.

»Sie hatte wegen der Verletzungen von ihrem Autounfall sowieso keine Chance mehr«, sagte Sophie, »aber wir konnten sie natürlich nicht einfach liegen lassen. Du weißt ja, wie es ist. Jetzt habe ich sie alle am Hals, den Chef, den Anästhesie-Chef, den Gerichtsmediziner, und ich muss sinnlose Protokolle schreiben.«

Dass sie sich so gar keine Gedanken über diesen traurigen Fall und das Schicksal dieser armen Frau und ihrer Familie machte, wunderte mich nicht, denn so kannte ich Sophie. Sie war immer distanziert, immer unabhängig, und mir wurde klar, dass ihr Anruf ausgerechnet jetzt kein Zufall sein konnte. Ich schien ihn bei meiner Suche nach lupenreinen Vertretern der übrigen drei Persönlichkeiten, die es in uns zu vereinen gilt, magisch angezogen zu haben.

Als ich an der Neurochirurgie angefangen hatte, war Sophie bereits seit mehreren Jahren dort gewesen. Sie unterschied sich auf den ersten Blick wohltuend von den anderen Neurochirurgen. Die prügelten sich geradezu um interessante Gehirnoperationen, weil jede einzelne davon ihren Lebenslauf attraktiver machte. Doch Sophie konzentrierte sich vor allem auf Wirbelsäulenoperationen, einen unter Neurochirurgen eher unbeliebten, weniger prestigeträchtigen Bereich. »Brain is fine, but money is spine«, sagte sie gerne – »Gehirn ist nett, aber Geld bringt der Rücken.« Für sie war der Arztberuf auch keine großartige Berufung, sondern nur eine gute Möglichkeit, ihren Lebensunterhalt zu verdienen. Was genau sie dabei machte, war ihr weniger wichtig, und je geringer ihr Aufwand war, desto besser.

Sophie mochte weder die narzisstischen Neurochirurgen, die sich über ihre Operationen definierten, noch die – nach ihren Worten – »aufopfernden Heuchler, die einzig für den Arztberuf leben«. »Am liebsten wäre es mir, ich könnte einfach nur vor mich hin operieren«, sagte sie einmal zu mir, »mich nur mit der Materie beschäftigen, ohne mit anderen Menschen zu tun zu haben und ohne mir das ständige Gequatsche von Kollegen, Krankenschwestern oder Patienten anhören zu müssen.«

An einfühlsamen Gesprächen mit Angehörigen nach Dienstschluss hatte sie erst recht kein Interesse. »Gefühlsduselei ist nicht mein Job«, sagte sie. »Was für einen Chirurgen will ein Patient? Einen, der ihn rational und gut operiert oder einen, der am offenen Schädel oder am offenen Rücken wegen der schlechten Diagnose zu plärren beginnt?«

Bei Patienten mit irreversiblen Hirnschädigungen, bei denen absehbar war, dass sie in der darauffolgenden Nacht sterben würden, schrieb sie bereits am Abend neben ihrer Pizza die Karten vor, die sie für die Pathologie an den Händen und den Zehen der Leiche befestigen würde. Nur den genauen Zeitpunkt des Todes ließ sie noch offen.

»Ich kann ihm sowieso nicht mehr helfen«, meinte sie einmal lapidar über einen jungen Mann, der in einer Kurve mit seinem Motorrad gestürzt und gegen eine Leitplanke geprallt war. »Warum soll ich diese Arbeit auch noch um drei Uhr morgens machen, wenn ich sie schon jetzt nebenbei erledigen kann?«

Sophie war dabei eine immer wieder überraschend gute Wissenschaftlerin, denn sie dachte analytisch und informierte sich laufend über neue Forschungsergebnisse. Sie hinterfragte und überprüfte alles und ließ sich nichts vormachen oder sich gar täuschen.

Es gab für sie nie einen Grund, Dinge auch weiterhin auf eine bestimmte Art zu machen, nur weil sie bisher so gemacht wurden. »Sie können gerne um 17 Uhr Visite machen«, hatte sie gleich in ihrem ersten Ausbildungsjahr dem leitenden Oberarzt der Station erklärt, »aber ohne mich. Denn pünktlich um 15.30 Uhr, wenn meine Dienstzeit endet, fahre ich aus der Tiefgarage.« Die Usance, dass wir Neurochirurgen trotzdem bis zur Visite blieben, ohne unseren Mehraufwand gegenüber irgendjemandem auch nur zu erwähnen, war ihr egal.

Sophie war ein Mensch, den fast alle wegen ihrer Stärke und Unabhängigkeit bewunderten, wobei viele auch Angst davor hatten, ihre unverblümte Meinung direkt ins Gesicht gesagt zu bekommen. Ihre Kommentare waren klar und kompromisslos. Besonders die Apparatschiks im System empfanden sie ob ihrer scharfen Beobachtungsgabe und ungefilterten Meinung als unangenehm.

»Hast du wirklich Medizin studiert, oder bist du einer dieser Spinner, die einen Arztmantel klauen und dann auf wichtig machen?«, hatte sie einmal einen der Neurochirurgen in der Morgenbesprechung vor allen anderen gefragt, nachdem er einem nierenkranken Patienten von zehn gängigen antiepileptischen Medikamenten genau jenes gegeben hatte, das die Niere am stärksten belastete. »So etwas macht doch nur ein Laie, der keine wirkliche Ahnung von Medikamenten hat. Kein richtiger Arzt hätte dieses Medikament bei einem nierenkranken Patienten verordnet.« Das alles sagte sie sachlich und frei von jeglicher Emotion.

Dass der betreffende Kollege sich später über sie beschwerte und beide schließlich zum Chef mussten, ließ sie kalt. Sich vor Schuldirektoren, Praktikumsleitern oder Vorgesetzten wegen Aussagen, die andere als frech empfanden, und wegen Betragens, das andere als ungehörig empfanden, verantworten zu müssen, war sie schließlich gewohnt.

Sophie war es dabei herzlich egal, was andere von ihr dachten. Sie sah sich als unabhängigen Menschen, der von niemandem etwas brauchte und niemandem Rechenschaft schuldig war. »Wenn der Chef glaubt, dass ich mich bei diesem Pfuscher entschuldige, wird er sich wundern«, hatte sie vor dem betreffenden Gespräch zu mir gesagt. »Der soll froh sein, dass er etwas von mir lernen kann.«

Sophie steht für Unabhängigkeit und Distanz.

Menschen ihres Typs arbeiten gerne selbstständig und unabhängig. So hatte Sophie kein Problem, als sie gleich an ihrem zweiten Arbeitstag allein in die neurochirurgische Ambulanz musste. Sie hatte ein Buch über das Fach dabei und machte sich in Ruhe ein Bild von den Patienten. Das war ihr lieber, als den Belehrungen eines Oberarztes lauschen und sich wie eine unselbstständige, hilflose Idiotin zu fühlen. »Ich brauche niemanden neben mir, der mir die Hand hält«, sagte sie einmal zu mir. »Wenn ich Hilfe nötig habe, dann frage ich danach.«

Der Typ Sophie, den die Wissenschaft veraltet und so wenig schmeichelhaft, dass es irreführend klingt, »schizoid« nennt, ist unbestechlich, lässt sich nicht blenden und viele empfinden ihn deshalb als lästig. »Ihre Ergebnisse können nicht stimmen«, hatte der Oberarzt einmal zu Sophie gesagt, nachdem sie Messungen an einem Hirntumor nach einer Strahlentherapie durchgeführt hatte. »Es ist unmöglich, dass ein Tumor nach der Bestrahlung größer ist als davor.«

Sophie hatte sich aber bereits mit der Sache befasst und war auf einen Beitrag in der renommierten neurochirurgischen Zeitschrift Neurosurgery gestoßen, deren Reviewern ebensolche Fälle auch schon aufgefallen waren, eine entsprechende Studie war zu diesem Zeitpunkt allerdings noch nicht publiziert. Tumore, die nach der Bestrahlung anschwollen, gab es tatsächlich. Es hatte anscheinend jemanden wie Sophie gebraucht, damit dieses Wissen öffentlich gemacht werden konnte.

Der Typ Sophie ist somit sachlich, analytisch und bevorzugt Berufe, bei denen er möglichst wenig Kontakt mit anderen Menschen hat. Unter uns Ärzten sind es oft Wissenschaftler, Radiologen oder Chirurgen, die diesen Typ verkörpern. Ihre Schattenseiten fallen dort weniger ins Gewicht, auch wenn sie sich trotzdem bemerkbar machen: Kühle und Distanz. »Ich interessiere mich nicht für die Lebensgeschichte der Patienten, hatte Sophie einmal im Umkleideraum zu mir gesagt, »ich interessiere mich nur für die neurologische Symptomatik und die MRT-Bilder.« Im Grunde waren Patienten Arbeits- und allenfalls auch Übungsmaterial für sie.

In privaten Beziehungen fällt es dem Typ Sophie oft schwer, Nähe zuzulassen. Zu groß ist die Angst vor Bindung und der daraus resultierenden Abhängigkeit, welche sich für den Typ Sophie oft so anfühlt, als würde ihn der Partner überrennen. Er braucht viel Zeit für sich allein und viele Freiräume.

Mit jemandem zusammenzuziehen war für meine ehemalige Kollegin Sophie deshalb nie ein Thema gewesen. »Ich würde es niemals aushalten, wenn ständig jemand an mir kleben würde«, hatte sie einmal zu mir gesagt. »Was kommt denn dann als Nächstes? Gemeinsam in ein Einrichtungshaus fahren oder vielleicht sogar noch heiraten und sich damit komplett aufgeben? Ich könnte niemals die Frau von jemandem sein. Diese Symbiosen, dieses Miteinanderverschmelzen würde mir die Luft zum Atmen nehmen. Allein schon der Gedanke daran macht mich ganz krank.«

Der Typ Sophie fühlt sich frei und autonom und kann deshalb auch am besten von allen Menschen mit Einsamkeit umgehen. Schließlich ist es für ihn das Wichtigste, niemanden zu brauchen, von niemandem abhängig zu sein und alles allein zu schaffen.

An Gemeinschaft ist der Typ Sophie deshalb kaum interessiert und gängigen gesellschaftlichen Normen wie »Es ist üblich, dass ...« steht er zynisch und ablehnend gegenüber. Er ist Einzelgänger, lebt zurückgezogen, verschanzt sich in seiner Freizeit oft tagelang zuhause und widmet sich am liebsten Büchern oder Musik.

Der Typ Sophie hat so auch eine gewisse Vorliebe für Anonymität. Er meidet kleine Buchgeschäfte, in denen ihn Verkäufer beobachten, um ihn im richtigen Moment anzusprechen. Da sind ihm große Filialen lieber, auch wenn er dort zehn Minuten lang einen Verkäufer suchen muss, wenn er dann doch einen braucht.

Als Arzt auf Kongressen oder Tagungen gehört der Typ Sophie zu denjenigen, die sich zu Mittag oder an den Abenden, wenn die anderen gemeinsam essen gehen oder etwas unternehmen, komplett zurückziehen. Denn meist versteht sich der Typ Sophie nur mit wenigen richtig gut und hat deshalb keine Lust auf große Runden. Es belastet ihn schon genug, bei solchen Gelegenheiten den ganzen Tag mit Kollegen verbringen zu müssen.

»Bei den Jahrestagungen der Neurochirurgen wäre es mir jedes Jahr das Liebste, ich könnte unsichtbar sein«, erzählte mir Sophie einmal. »Dann könnte ich mir in Ruhe die Vorträge anhören, ohne ständig Small Talk führen zu müssen. Dann könnte ich auch in Ruhe durchs Ausstellungsgelände gehen, ohne dass mich ständig Pharma-Vertreter anquatschen.«

Nach einem Kongress in München meinte sie: »Der beste Abend war der mit dem Abschiedsdinner. Da sind die ganzen neurochirurgischen Trotteln fein ausgegangen und ich konnte mich in aller Ruhe in ein gemütliches Wirtshaus setzen, ohne ständig eines dieser blöden Gesichter sehen zu müssen.«

Jemand hatte einmal von Sophie behauptet, sie würde Friseuren und Taxifahrern Trinkgeld fürs Schweigen geben. Ich konnte mir gut vorstellen, dass das stimmte.

Die guten Eigenschaften der inneren Sophie: Sie ist stark, unabhängig, direkt, realistisch, selbstständig, authentisch, hartnäckig und lässt sich nicht täuschen.

Die schlechten Eigenschaften der inneren Sophie: Sie ist distanziert, kühl, emotionslos, grob, unsensibel, wenig einfühlsam, abweisend und unnahbar.

Mit einer dominanten Sophie …

… haben wir den dringenden Wunsch, einmalige Einzelwesen und unverwechselbare Individuen zu sein. Wir versuchen, so unabhängig wie möglich zu sein und ja niemanden zu brauchen. Wir distanzieren uns gerne von unseren Mitmenschen, halten Abstand, vermeiden vertraute Nähe, haben Angst, uns zu öffnen, uns hinzugeben und sind misstrauisch und überaus rational. Nähe, Sympathie oder Zuneigung erleben wir leicht als Bedrohung.
Wir entwickeln das Bedürfnis, unverletzbar zu sein und unsere Gefühle kontrollieren zu müssen. Zu diesem Zweck legen wir uns eine Fassade zu, hinter die niemand mehr blicken kann. Von außen wirken wir distanziert, kühl und sachlich, aber allzu leicht

auch schroff und seltsam. Kein Wunder, dass wir mit dieser Prägung leicht Singles bleiben.

Mit einer besonders schwach ausgeprägten Sophie in uns ...

... haben wir Probleme damit, uns als unabhängig von anderen wahrzunehmen. Wir fühlen uns schnell einsam und sind am besten immer von vielen Menschen umgeben. Unsicherheit gegenüber unseren eigenen Gedanken und Überzeugungen führt dazu, dass wir uns stark an den Meinungen anderer orientieren.

In der Arbeit fragen wir häufig, wie genau eine bestimmte Tätigkeit gemacht werden sollte und ob wir auch alles richtig machen. Dies kann in anderen den Eindruck entstehen lassen, wir wären unsicher, unselbstständig oder sogar inkompetent.

In einer Beziehung zeigt sich ein ähnliches Muster. Wir haben es am liebsten, wenn unser Partner uns genau sagt, was wir machen sollen. Getrieben von unserer eigenen Unsicherheit und Unselbstständigkeit suchen wir die permanente Bestätigung des Partners und wären am liebsten zu jeder Zeit mit ihm zusammen.

Diese Faktoren können oft erdrückend für den Partner sein, da er das Gefühl haben kann, die Verantwortungs- und Entscheidungsgewalt auf seinen Schultern tragen zu müssen.

VALERIA

Ich hörte das Fenster klappern, setzte mich auf meiner Matte auf und sah, wie Shird ebenfalls heraus aufs Flachdach kletterte. Er hatte eine Honigmelone dabei und ein großes Küchenmesser, mit dem wir sie aufschnitten. »Unsere vier Persönlichkeiten lassen mich nicht mehr los«, sagte ich mit einem tropfenden Stück Melone in der Hand.

Shird nickte. »Hast du schon darüber nachgedacht, welche der vier dir am sympathischsten ist?«

Ich hatte mir inzwischen bereits einen Überblick verschafft und auch die übrigen beiden Persönlichkeiten, von der Wissenschaft als »depressiv« und »hysteriform« bezeichnet, in real existierenden Menschen wiedergefunden. In meinem neuen psychologischen Spektrum gab es deshalb neben einem Christopher und einer Sophie inzwischen auch eine Valeria. Der Typ Valeria war wohl der, den Shird meinte. Er war mir am nächsten, vertrautesten und sympathischsten von allen.

Mein Vorbild für diesen Typ, die echte Valeria, hatte ich zuletzt vor einigen Wochen in einer Bar getroffen. »Was für ein ignorantes Arschloch der war«, hatte sie mir empört und ohne jede Einleitung über ihren frischgebackenen Ex-Freund erzählt. »Ich bin echt froh, dass ich ihn los bin! Stell dir vor, da bereite ich ein superschönes Dinner für uns beide vor, koche mexikanisch in Erinnerung an unsere gemeinsame Zeit in Mexico City, gehe davor sogar noch zum Friseur und ziehe ein neues Kleid für ihn an. Und dann kommt er nach Hause, wuchtet sich aufs Sofa, meint so en passant, dass er schon gegessen hat und schaut Fußball. Lässt du es dir gefallen, wenn dich jemand wie die unwichtigste Person der Welt behandelt? Ich nicht. Ich bin richtig ausgerastet und ich schätze mal, dass es ihm für seine nächste Frau eine Lehre sein wird.«

Ich nahm mir noch ein paar von den Pistazien, die wir zu unseren Cocktails serviert bekommen hatten. Bei Valeria musste ich auf alles gefasst sein. »Was hast du mit ihm gemacht?«, fragte ich sie, ohne sicher zu sein, dass ich es auch wirklich wissen wollte.

Sie schilderte eine Begegnung seines ziemlich neuen Fernsehers mit ihrer gusseisernen Bratpfanne, die sie mit beiden Händen am Griff gepackt hatte. »Eigentlich hätte ich ihm lieber die Zähne eingeschlagen«, sagte sie, »aber als die Pfanne beim ersten Schlag genau in die Mitte des Fernsehers krachte, war das auch schön.« Sie kicherte leise, ehe sie fortfuhr. »Zunächst war der Effekt gar nicht so groß. Das Bild verzerrte sich etwas und wurde seltsam violett. Doch diese Typen in den kurzen Hosen waren weiterhin zu sehen, wie sie einem Ball hinterherrannten. Das war eigentlich erst der Moment, in dem ich so richtig wütend wurde. Spielst du Tennis? Weißt du, was eine Rückhand ist? Ich habe ausgeholt und … diesmal gab es Sprünge und Splitter und das Bild war weg. Die nächsten Schläge waren die Draufgabe, weil es einfach zu schön war.«

Valeria war schon seit unserer gemeinsamen Studentenzeit eine meiner besten Freundinnen und meine Inspiration, zwar nicht in Hinblick auf Konfliktbewältigung, aber in vielen anderen Bereichen war sie mein heimliches Vorbild. In schwierigen Zeiten, wenn das Studium endlos schien, oder die Arbeit überwog, wenn das Leben farblos und grau war, fragte ich mich manchmal, ob nicht eigentlich Valeria das Leben führte, das ich führen wollte.

Kennengelernt hatten wir uns an der Uni. »Ich studiere nur, weil ich mich jetzt sicher noch nicht auf einen Beruf festlegen will«, hatte mir Valeria damals erzählt, »und weil ich ein bisschen Spaß haben will, statt den ganzen Tag zu arbeiten. Hattest du einmal einen Sommerjob? Ich schon, und seither weiß ich: Von neun bis fünf immer das Gleiche machen, das ist nichts für mich. Ich sterbe lieber, als so ein langweiliges Leben zu führen.«

Valeria brauchte nichts so dringend wie Abwechslung. Sie musste ständig etwas Neues erleben, war immer auf der Suche nach neuen Impulsen, nach Veränderung, nach neuen Freunden und neuen Hobbys. Sie hatte schon damals so ziemlich alle Sportarten ausprobiert, von Surfen und Tauchen über Snowboarden, Reiten, diverse Yoga-Varianten und Besuche in Fitnessstudios bis hin zu Ballett, Pole Dance und mehreren Kampfsportarten.

Valeria hatte immer mit viel Energie gestartet, aber bald darauf waren Faktoren aufgetaucht, die ihr die Fortsetzung ihrer sportlichen Pläne erschwerten. So war der Ballettlehrer unfreundlich gewesen und hatte sie ausgegrenzt, nachdem sie ein paar Mal zu spät gekommen war. Oder es wurde ihr zu mühsam, aus der Stadt an den Neusiedlersee zum Surfkurs zu fahren. Manchmal war es ihr dafür auch zu kalt, zu heiß oder zu windig. Die Fitnessstudios waren ihr immer irgendwann zu weit weg von ihrer Wohnung oder die Wartezeiten an den Geräten nervten sie. Zum Snowboarden war ihr die Schneelage nie ideal genug.

Wenn sie eine Sportart aufgrund der ungünstigen Bedingungen aufgeben musste, tröstete sie sich, indem sie sich eine neue, bessere und für sie passendere suchte.

Das ergab sich dann in den meisten Fällen zufällig, zum Beispiel wenn eine ihrer Freundinnen oder Freunde eine Sportart ausübte oder ein Hobby hatte, das sie ganz toll fand. Sie war dann auch immer schnell am Einkaufen der passenden Bekleidung und Geräte, oder am Bestellen hilfreicher Lektüre.

An der Universität hatte sich Valeria zunächst für Medizin entschieden, weil sich das für sie von allen Studienrichtungen am abwechslungsreichsten angehört hatte. Chemie- und Physiklaboratorien, Präparate unter dem Mikroskop, das Sezieren von Leichen, das alles war ihr spannend erschienen. Es hatte für sie nicht nach eintönigen Vorlesungen in Hörsälen und Brüten über dicken Wälzern geklungen.

Eine Weile hatte ihr das Studium tatsächlich Spaß gemacht. Die neue Umgebung, die vielen neuen Begegnungen, die neuen Abläufe in ihrem Leben hatten sie euphorisiert. Allerdings verflog dieser Zauber irgendwann, und spätestens da fiel ihr auf, wie viele Seiten sie im Laufe dieses Studiums zu lernen haben würde, wie einengend die Anwesenheitspflichten und wie langweilig ihre Studienkollegen bei näherer Betrachtung waren. Sie fand, dass ihre Klassenkameraden, die Kunstgeschichte, Psychologie oder Soziologie studierten, ein viel entspannteres Leben führten als sie selbst.

Vor allem belastete sie das monatelange Lernen für bestimmte Prüfungen, mit Einteilen des Stoffes in Tages- und Wochenrationen. »Ich kann mein Leben unmöglich so lange im Voraus planen«, sagte sie. »Ich weiß ja nicht, was kommt, und wenn ich es zu wissen glaube, kommt trotzdem alles anders und die ganze blöde Planerei war umsonst und unnötig.«

Deshalb glänzte sie an der Uni bald durch Abwesenheit. Wenn sie in Vorlesungen kam, dann oft zu spät, weil sie bis zwei Uhr morgens noch einen Roman fertig lesen musste, weil sie mit Austauschstudenten stundenlang über ihre nächste Reise diskutiert hatte, weil die Musik in einer Bar so gut gewesen war, weil sie nach einer Lesung mit dem Autor noch ein Bier trinken gegangen war oder weil sie nach einem Konzert mit dem Veranstalter noch stundenlang über Musik, alte Filme, den Beginn wunderbarer Freundschaften und über die Dampfeisenbahnen in Montenegro diskutiert hatte. Wenn sie dann aber doch einmal in eine Vorlesung kam, verzauberte sie alle mit ihren spannenden Geschichten und ihrer charismatischen Art.

Valeria steht für Freiheit, Neubeginn und Spaß.

Bald hatte sie den Ruf eines Paradiesvogels. Der kam ihr durchaus entgegen. Denn Valeria brauchte eine Bühne. Sie musste immer im Mittelpunkt stehen. Unter den oft eher konservativen Medizinstudenten fiel ihr das schon durch ihr Aussehen leicht. Während die anderen in den langen Lernzeiten daheim allmählich blass und fahl wurden, war sie stets sonnengebräunt und ihre blonden Zöpfe waren von der Sonne gebleicht.

Dazu kamen ihre Tattoos und ihre zahlreichen Ideen für weitere. »Die Adeligen europäischer Fürstenhäuser waren früher alle tätowiert,« sagte sie einmal zu mir, und ich verstand, warum sie Tätowierungen deshalb auch für sich als passend empfand. Sie erlebte sich selbst als über dem Rest der Welt schwebend, was nichts mit Arroganz zu tun hatte. Paradiesvögel hüpften nicht am Boden umher. Sie fliegen durch die Lüfte.

Ihre Tattoos entstanden meist spontan. Sie mochte Songtexte, die ihre Ansichten widerspiegelten (»We can be heroes«), aber auch Fantasiemuster, oder sie ließ sich auf ihren Reisen Erinnerungen tätowieren, etwa schamanische Zeichen in Südamerika.

Von ihren Reisen, eine ihrer großen bleibenden Leidenschaften, schleppte sie außerdem ständig die ausgefallensten Kleider und Accessoires heim. So brachte sie aus Kuba handgehäkelte Kleider, aus Rumänien bestickte Trachtenblusen, aus Südfrankreich Körbe, aus Italien Ledersandalen, und aus Kroatien und Serbien Holzarmreifen und anderen Schmuck mit.

Dass sie einzigartige Tattoos, Kleider und Accessoires hatte, die sich sonst niemand organisieren konnte, und dass sie sich damit von den anderen unterschied und noch mehr glänzte und auffiel, war für sie mindestens so wichtig wie die niemals versiegende Quelle der Abwechslung, die sie im Reisen entdeckt hatte. Ihr ging es dabei nie um Statussymbole, sondern immer darum, aufzufallen und anders, besonders auszusehen.

Valeria lebte für den jeweiligen Moment, wollte ihn intensiv auskosten und machte sich keine Gedanken darüber, dass sie am nächsten Tag müde, verkatert oder in Tagträumen verstrickt sein würde, oder dass sie es nach einem Wochenendtrip zu spät oder gar nicht mehr in eine Vorlesung schaffen würde. Dafür hatte sie sich aber zum Beispiel am Budapester Bahnhof noch länger mit einem Taxifahrer unterhalten und viel über die Arbeits- und Wohnungssituation in der ungarischen Hauptstadt erfahren.

»Nur der Augenblick ist wichtig, den Moment auskosten, die Stimmung, die Gefühle, die Gespräche und die Geschichten. Denn die Vergangenheit ist längst vorbei und die Zukunft beginnt erst irgendwann.« So formulierte sie selbst ihr Lebensprinzip, dem sie konsequent treu blieb.

Dementsprechend bunt war ihr Leben. Sie verschwand in einem einzigen Frühjahr zunächst, um spontan mit Freunden eine Floßtour zu unternehmen, um für ein paar Tage per Autostopp zu einem Jazzfest in Nizza zu fahren und um mit einem gerade besonders günstigen Busticket Mailand zu besichtigen.

In ihrem Bedürfnis, Neues zu entdecken, war sie stets offen für alles. Sie fühlte sich in unserer Studentenzeit im Schlafsack am Strand einer griechischen Insel oder auf einer Matratze in einem umgebauten Van ebenso wohl wie in den feinsten Hotels. Ihr ging es nur um das intensive Erlebnis. »Wenn ich in der Früh aufwache, möchte ich sicher sein, dass ich an dem betreffenden Tag viel Spannendes erlebe«, sagte sie einmal.

Auch in ihren Beziehungen suchte Valeria ständig Abwechslung. Sie brauchte Freiheit und das Gefühl, ihr Leben jederzeit immer wieder ändern zu können. Für sie mussten dabei auch ihre Beziehungen lebendig, farbig und relativ bleiben. Wenn sie jemand einengen oder kontrollieren wollte, ergriff sie die Flucht.

Zu Beginn einer neuen Liebesbeziehung war sie begeistert und euphorisch und machte mit viel Freude bei allen Aktivitäten mit. So machte sie mit einem ihrer Freunde und fünf seiner Motorradkumpel eine Tour zum Großglockner, auf die Silvretta, ins Trentino und an den Gardasee. Mit dem nächsten war sie wochenlang surfen an der französischen Atlantikküste. Mit einem Yogalehrer war sie monatelang in Indien unterwegs, wo sie gemeinsam mit einem neunzigjährigen Yogi jahrhundertealte Atem- und Bewegungsübungen lernte. Als ihre große Liebe ein Gitarrist war, verbrachte sie viele Wochen in Proberäumen.

Allerdings ertrug Valeria auch den Alltag einer Beziehung nicht, die Routine und die Normalität, die sich irgendwann einstellten. Wenn sie sich dann auch noch zu wenig beachtet fühlte, wurde es ihr zu viel und sie rastete aus. Dann zeigte sie, wie launisch und theatralisch sie sein konnte, und ihre ganze Euphorie, Begeisterung und Freude schlugen sich in das genaue Gegenteil um. In ihrer wie aus dem Nichts auftauchenden Wut hatte sie bereits unzählige Teller, Gläser und Vasen geworfen, Bilder zerschnitten und Sonnenbrillen, Handys oder iPads zerstört.

Nachtragend war sie allerdings nicht. Ihre Wut verflog so schnell wie sie auftauchte. Zurück blieben zerstörte Accessoires oder demolierte technische Geräte, jede Menge Scherben und verstörte Mitmenschen. Valeria war indessen schon wieder mit ihrem nächsten Abenteuer beschäftigt.

In Sachen Studium kam es, wie es kommen musste. Sie brach es ab und profitierte eine Weile von den vielen Sportkursen, die sie belegt hatte. Saisonweise arbeitete sie an ständig wechselnden Orten als Tauch- oder Surflehrerin, als Leiterin von Schnorchelausflügen, als Unterwasserfotografin und zwischendurch immer wieder als Barfrau.

Richtig glücklich wurde sie dabei auch nicht. »Tauchlehrerin in Mexiko, das hört sich vielleicht gut an, aber nach ein oder zwei Monaten ist es auch nicht mehr so spannend«, schrieb sie mir einmal aus Acapulco. »Du bist den ganzen Tag auf den Beinen, musst wirklich viel arbeiten und wohnst in einer Baracke. Auch als Skilehrerin am Arlberg zu arbeiten ist in Wirklichkeit nicht so schick, wie es sich anhört und bald einmal machst du dann doch immer wieder das Gleiche.«

Auch entsprach das Leben aus dem Koffer auf Dauer nicht ihrem ausgeprägten Bedürfnis nach Glanz im Leben.

Nur ständig an einem anderen Ort zu sein war nicht ausreichend für sie. Denn sie wollte auch viel erleben an diesen Orten, sie wollte Abenteuer, Sensationen, tolles Essen und nicht nur die Arbeit, die früher oder später doch wieder monoton wurde.

Ein Dilemma tat sich für sie auf. »Ich stehe einfach auf bestimmte Sachen«, schrieb sie mir vom Whitehaven Beach in Australien. »Ich möchte in einer schönen Altbauwohnung wohnen und einen Schrank voller Kleider haben, ohne mir ständig überlegen zu müssen, wieviel ich zu meiner nächsten Station mitnehmen kann und ob sie hitzebeständig sind. Dieses Minimalismus-Gequatsche ist nicht mein Ding. Einen gewissen Komfort und Lebensstil brauche ich einfach. Das weiß ich jetzt.«

Bei einem Rockfestival lernte sie schließlich beim Anstellen um ein Bier eine Slawistikstudentin kennen, die ihr von den Möglichkeiten dieses Studiums erzählte. Gleich nach dem Festival machte sie sich voll neuer Euphorie einen Beratungstermin an der Studienservicestelle des Instituts für Slawistik aus. »Ich lasse das einfach mal auf mich zukommen«, sagte Valeria damals zu mir. »Keine Ahnung, was ich dann wirklich mit dem Studium anfangen kann, aber es hört sich spannend an, mit viel freier Zeiteinteilung, und ich bin nicht versklavt wie bei diesen Saisonjobs. Ich muss es ja auch nicht fertig machen. Ich denke, es ist beim Studieren wie beim Sport. Immer wieder etwas Neues zu machen ist gut, weil wir uns damit auf vielen Ebenen fordern und entwickeln. Wer weiß, was am Ende für ein Job dabei für mich herauskommt.«

Die alte wissenschaftliche Bezeichnung für die innere Valeria, der die echte Valeria bestimmt beleidigt hätte, ist »hysteriform«.

Mit Menschen mit stark ausgeprägten Valeria-Anteilen zu verreisen bedeutet, um bei dem Beispiel zu bleiben, alles andere, als den ganzen Tag am Strand zu liegen. Das wäre ihnen viel zu langweilig. Solche Menschen können mit ihrem Charisma auch die allerlahmsten Reisebegleiter dazu überreden, mit ihnen im Sommer durch die Camargue oder die Mongolei zu reiten, im Campingbus durch Japan oder mit dem E-Bike durch Holland zu fahren, per Autostopp Kuba zu durchqueren oder in Mexiko mit Haifischen zu schwimmen.

Niemals würden sie dabei Sehenswürdigkeiten abklappern, nur »weil sich das eben so gehört«. Reiseführer wie »111 Orte, die jeder in … gesehen haben muss« sind ihnen vielmehr ein Gräuel, allein schon das Wort »muss« macht sie nervös. Sie hassen es, Dinge vorgeschrieben zu bekommen und machen, wenn es jemand dennoch versucht, das genaue Gegenteil davon.

Das war einer der Punkte, die ich dank meiner eigenen ausgeprägten Valeria-Anteile besonders gut nachvollziehen konnte. »Du musst endlich das Klo ausmalen«, hatte mein Ex-Freund immer wieder von mir verlangt. Es sei furchtbar, wie die Wände dort aussehen würden, mit den vielen Löchern und Rissen darin. Womit er aber lediglich erreicht hatte, dass ich ins Klo zwei Poster klebte und stattdessen alle möglichen anderen Räume ausmalte.

Mir fielen jetzt alle möglichen Menschen in meiner Umgebung ein, die eine starke innere Valeria hatten. Die Frau eines Kollegen zum Beispiel, die ihm stolz ein Pferd präsentierte, als er einmal müde vom Wochenenddienst heimkam. Der Fuchs stand einfach im kleinen Garten ihres Einfamilienhauses am Stadtrand. »Ist das nicht wunderbar?«, fragte seine Frau. »Freunde, die Polo spielen, haben es mir geschenkt. Du hast doch nichts dagegen, wenn es vorübergehend im Garten bleibt?«

Oder ein Kollege aus einem anderen Krankenhaus, der während eines Kongresses an der französischen Küste mit einem gefälschten Schein ein Motorboot gemietet hatte, und bei der Ausfahrt aus dem Hafen dermaßen Gas gab, dass das Boot beinahe abgehoben hätte und wir anderen Ärzte beinahe über Bord gegangen wären. »Vollgas oder gar nicht«, schrie er dabei, und dass die Einheimischen am Ufer wild gestikulierten, weil er die Hafenregeln missachtete, kümmerte ihn kaum. Ebenso eignen sich »Wer bremst verliert!« oder »No risk, no fun!« als Leitsprüche für Menschen des Typs Valeria.

Dementsprechend häufig frequentieren sie diverse Notfallambulanzen, weil sie zum Beispiel mit einer auffrisierten Vespa im Straßengraben gelandet sind, sich beim Austernöffnen in den Unterarm geschnitten haben, auf der Suche nach den dunkelrotesten Kirschen vom Baum gefallen sind, beim verkehrten Salto ins Wasser mit dem Hinterkopf das letzte Brett des Stegs touchiert oder sich beim Vielseitigkeitsreiten die Nase gebrochen haben.

Mindestens ebenso häufig geraten sie in finanzielle Schwierigkeiten, weil ihnen der Moment wichtiger ist als die Zukunft ihres Bankkontos, weil rationale finanzielle Argumente gegen ihre Euphorie nicht richtig ankommen und weil sie wenig so sehr verabscheuen wie sparen und warten zu müssen.

Gesperrte Bankomat- und Kreditkarten gehören zu ihrem Alltag und beeindrucken sie auch nicht weiter, außer sie kommen deshalb wirklich in unangenehme Situationen, wie die echte Valeria einmal. »Da stehe ich irgendwo in der Provinz an der Tankstelle«, erzählte sie mir, »der Tank ist bis zum letzten Tropfen leer, ich probiere eine Karte nach der anderen, und alle sind gesperrt. Wie blöd war das denn!«

Druck auf Menschen des Typs Valeria auszuüben ist dabei kontraproduktiv. »Wenn mir mein Lektor Druck macht, fällt mir gar nichts mehr ein«, erzählte mir eine ehemalige Schulkollegin, die Schriftstellerin geworden war und deren Valeria offensichtlich auch dominierte. »Manchmal will er bestimmen, mit welcher Geschwindigkeit und in welcher Reihenfolge ich die Kapitel schreibe. Das macht mir solchen Stress, dass ich jedes Mal in ein großes Loch falle und wochenlang an einer Schreibblockade leide. Einmal wollte er, dass ich ein Kapitel nach dem anderen abgebe, von vorne bis hinten, damit er jedes schon einmal lesen und bei den folgenden mitreden kann. Ein Kapitel nach dem anderen? Wie soll das denn bitte gehen?«

Regeln, auch gesetzliche, sind für Menschen des Typs Valeria oft Interpretationssache, dehnbar und für sie nur begrenzt gültig. »Wichtiger als diese lächerlichen Geschwindigkeitsbegrenzungen ist ja wohl, dass ich rechtzeitig für meinen Operationskurs in Salzburg bin«, sagte einmal ein Oberarzt an der Neurochirurgie mit dominanter Valeria zu mir. »Was noch sicher ist und was nicht, weiß ich selbst am besten. Dafür brauche ich keine Belehrungen.«

Die Polizei stoppte ihn trotzdem mit 180 Stundenkilometern und beharrte bei der Fahrzeugkontrolle trotz seiner Charme-Offensive darauf, den Kofferraum zu öffnen. »Ich habe Sie gewarnt«, sagte er, als die beiden Beamten entsetzt hineinstarrten und der eine nach seiner Waffe griff, während der andere nach der ersten Schrecksekunde Verstärkung rief. Der Oberarzt hatte für den Kurs abgetrennte Köpfe mitgebracht, und er fand die Szene zu witzig, um die Beamten gleich darüber aufzuklären, dass er kein Massenmörder war. Immerhin war ihm so die Aufmerksamkeit der beiden sicher, und auch die seiner Zuhörer, wenn er die Geschichte später zum Besten geben würde.

Kinder mit hohem Valeria-Anteil können schon früh auffallen. Ich kenne ein achtjähriges Mädchen, das die entsetzte Ballettlehrerin fragte, ob sie nicht einmal Cancan tanzen könne, statt immer diese langweiligen Übungen an der Stange machen zu müssen.

In der Liebe sucht der Typ Valeria vor allem die Romantik. Oft liebt er das Gefühl des Verliebtseins mehr als alles andere. Dann will er oder sie Blumen, Frühstück im Bett, kleine Überraschungsgeschenke, Liebesbriefe, versteckte Botschaften, Heiratsanträge am Meer oder in schönen

Städten, Küsse im Regen und heimliche Spaziergänge am Abend.

Frauen mit starker innerer Valeria lieben es, wenn ihr Partner sie im traditionellen Sinne anbetet und umwirbt, nach Hause begleitet und bewundert. Sehen und gesehen werden ist ihnen besonders wichtig. Ihre neuen Kleider gilt es zu bewundern und ihre neue Frisur zu bestaunen. Werden sie dagegen nicht bestätigt oder gar ignoriert, können sie diesen Umstand kaum ertragen. Zu ihren allergrößten Träumen gehören Gedichte oder Songtexte, die jemand, der sie anbetet, extra für sie geschrieben hat.

Dabei sind sowohl Frauen als auch Männer mit dominanter innerer Valeria meist überaus charismatisch und leidenschaftlich. Sie können bezaubern und verstehen es, eine erotische Atmosphäre zu schaffen und sich ihrer Partnerin oder ihrem Partner als liebenswürdig zu präsentieren.

Ich hatte einmal einen Nachbarn des Typs Valeria und erinnere mich an seine Schilderung eines Heiratsantrages, als wäre ich selbst dabei gewesen. Er hatte einen Teil eines Schlosses gemietet und der Frau seiner Wahl auf einem weißen Flügel ein Liebeslied vorgespielt. Damals hatte ich noch keine Ahnung von der menschlichen Typologie und wie sehr sie zu unserem Schicksal werden kann. Deshalb war ich fassungslos, als mein Nachbar auch diese, seine dritte Ehe, nach kurzer Zeit aus Langeweile wieder platzen ließ.

Es kann aber durchaus sein, dass die Beziehungen mit Partnern mit ausgeprägter innerer Valeria längerfristig halten. Dann nämlich, wenn diese Beziehungen eine Einrichtung für sie werden, die ihrer Selbstbestätigung dienen. Oft genug lieben sie die jeweilige Person weniger als die Aufmerksamkeit, die sie von ihr bekommen.

Das kann für die betreffende Person durchaus anstrengend werden. Denn allzu leicht beziehen sie ihr gesamtes, tendenziell labiles und auch schon durch die leiseste Kritik in Ungleichgewicht gebrachtes Selbstwertgefühl aus Liebesbeweisen und werden dabei unersättlich. Schwächelt der Partner oder die Partnerin in diesem Punkt dann einmal, folgen dramatische Szenen, gerne auch öffentlich in einem Restaurant oder in einer U-Bahn.

Die guten Eigenschaften der inneren Valeria: Sie ist unternehmungslustig, risikofreudig, lebhaft, offen, anpassungsfähig, mitreißend, leidenschaftlich und genussfreudig.

Die schlechten Eigenschaften der inneren Valeria: Sie ist impulsiv, launisch, aufbrausend, inkonsequent, unstet, leichtsinnig, irrational und steckt bei Problemen gerne den Kopf in den Sand.

Mit einer stark dominanten Valeria ...

... suchen wir die Freiheit, sind risikofreudig und betrachten die Zukunft mit ihren Möglichkeiten als große Chance.

Neues zu entdecken und Abenteuer und Abwechslung zu erleben sind auch legitime Wünsche, sie haben die gleiche Berechtigung wie die Wünsche nach Sicherheit und Stabilität und beide schließen einander bei richtiger Dosierung keineswegs aus.

Mit einer stark ausgeprägten inneren Valeria ist unser Wunsch nach Abenteuern und Abwechslung aber ungemein stärker als der nach Sicherheit, mit allen Konsequenzen. Gleichzeitig haben wir Angst vor dem Endgültigen, vor Traditionen, Gesetzen und jeder anderen Einschränkung unseres Freiheitsdrangs. Dinge wie Pünktlichkeit und Zeitplanung empfinden wir als lästig und spießig.

Wir zahlen mit einer dominanten Valeria auch den Preis dafür. Denn wenn wir die Spielregeln des menschlichen Zusammenlebens nicht akzeptieren, begeben wir uns in eine Welt, in der scheinbar alles möglich ist und scheinbar alles ohne Konsequenzen bleibt. Nur ist die Welt in Wirklichkeit nicht so. Das heißt, wir leben dann mit einer Art Scheinwahrnehmung, in einer illusionären Welt, die im Laufe der Zeit immer mehr von der wirklichen Wirklichkeit abweichen kann und laufend mit ihr kollidiert.

Doch auch mit solchen Kollisionen, zum Beispiel wegen finanzieller Engpässe, wegen Problemen mit Vorgesetzten oder Gesetzesübertretungen, gehen wir mit einer dominanten inneren Valeria leichtfertig um. Wenn uns etwas mit der wirklichen Wirklichkeit konfrontiert, neigen wir dazu, sie zu relativieren, zu bagatellisieren oder nach dem Motto »Hinter mir die Sintflut!« einfach wie bisher weiterzumachen. Auch gilt für uns »Einmal ist keinmal!«, da für uns sowieso alles relativ und abhängig vom Standpunkt des Betrachters ist.

Impulsen und Wünschen können wir mit einer dominanten Valeria selten widerstehen, weil das Warten für uns unerträglich ist, ebenso wie andere unbequeme Notwendigkeiten, wie zu verzichten oder zu unseren Handlungen stehen zu müssen. Dafür führen wir ein schillerndes Leben, als gäbe es kein Gestern und kein Morgen, und es kümmert uns so auch heute nicht mehr, was wir am Tag zuvor gesagt haben. So wird die Welt für uns ein großer, biegsamer Abenteuerspielplatz.

Mit einer besonders schwach ausgeprägten Valeria in uns ...

... haben wir ein unbedingtes Bedürfnis nach Sicherheit und wählen meistens den Weg des geringsten Risikos.

Der Entschluss zu einer Veränderung geht meist auch mit dem Gefühl der Angst einher, da das Alte, von dem wir uns entfernen müssen, wegfällt, bevor der neue Weg klar ersichtlich wird. Mit einer schwach ausgeprägten inneren Valeria scheuen wir uns davor, diesen beängstigenden Weg der Veränderung zu gehen. Wir verharren somit in Situationen, welche nicht gut für uns sind, aus Angst davor, ein Risiko einzugehen. So bleiben wir in unglücklichen Beziehungen und Berufen, selbst wenn diese uns Stück für Stück zu verschlingen drohen.

Aus Angst vor Veränderung verpassen wir Gelegenheiten, neue Erfahrungen zu machen, neue private und berufliche Wege einzuschlagen, welche unser Leben bereichern und unsere Persönlichkeit weiter voranbringen könnten.

Wir erleben die Welt als schwierig, als voll von Gefahren und Risiken, in der es am besten ist, sich einfach an die vorgegebenen Regeln zu halten, anstatt die eigenen Wünsche und Träume zu verwirklichen. Manchmal scheint es uns sogar so, als ziehe unser Leben an uns vorüber und als könnten wir nicht den geringsten Einfluss darauf ausüben. Als ob sich alles um uns bewegt und entwickelt, während wir selbst stillstehen.

BONO

Als lebende Entsprechung der vierten Persönlichkeit in uns fiel mir spontan Bono ein. Bono hatte einen einzigartigen Musikladen in der Nähe meiner Wohnung, in dem er supermoderne Plattenspieler und Hi-Fi-Geräte in allen möglichen Farben sowie Boxen, Kopfhörer, Vintage-Plattenspieler, Kofferradios und Schallplatten verkaufte. Wegen seiner Ähnlichkeit mit dem U2-Sänger nannten ihn alle »Bono«.

Etwa vor einem Jahr stöberte ich in seinem Schallplattenregal. Ich sah mir gerade das Album »Pop« von U2 an, als Bono beim Sortieren einiger Kabel beiläufig erwähnte, dass er 1997 die Chance gehabt hätte, U2 bei ihrem legendären Konzert in Sarajewo als Serviceman zu betreuen. »Ich komme ursprünglich aus Bosnien und kenne Sarajewo gut«, erzählte er. »Ein Wiener Musikproduzent, der das Konzert mitorganisiert hatte, schlug vor, dass ich hinfliege und der Band während ihres Aufenthaltes vor Ort zur Verfügung stehe.«

Über dieses Konzert hatte ich viel gelesen, denn U2 war die erste international bekannte Band gewesen, die nach dem Ende der Balkankriege in Bosnien aufgetreten war. Das Konzert hatte viele Emotionen ausgelöst und den Menschen nach dem Krieg neue Hoffnung gegeben.

Alleine bei genau diesem Konzert im Publikum gestanden zu haben, war wohl schon ein einmaliges Erlebnis. Kaum vorstellbar, wie toll es gerade für einen musikbegeisterten Menschen wie Bono gewesen wäre, diese Band durch

Sarajewo zu begleiten und ihr beim Übersetzen, Vermitteln und Lösen von Problemen helfen zu können.

Ich stellte das Album zurück und ging zu Bono hinüber.

»Warum ist nichts daraus geworden?«, fragte ich.

»Ich hatte in dem Laden, in dem ich damals arbeitete, einen Kollegen, der ebenfalls aus Bosnien kam. Er wollte das so gerne machen. Deshalb sagte ich dem Musikproduzenten, ich hätte keine Zeit, aber dieser Kollege könne es für mich übernehmen. Ich bereue es nicht, verzichtet zu haben. Ich glaube, es wäre falsch gewesen, so gierig zu sein.«

Er blickte ins Leere, dann seufzte er und rollte weiter seine Kabel ein.

Bono steht für Melancholie und Nähe.

Bono sah das Leben von der sentimentalen Seite. Traurigkeit und Schwermut gehörten für ihn dazu, ebenso wie Enttäuschungen. »In den Texten von U2 geht es oft darum, dass Beziehungen scheitern«, sagte Bono, als wir ein anderes Mal über die Band sprachen, »in ›One‹, zum Beispiel, ihrem erfolgreichsten Song, den die Musikzeitschrift Rolling Stone auf Platz 36 der 500 besten Songs aller Zeiten gesetzt hat, ebenso wie in ›Every Breaking Wave‹ und ›With or Without You‹.«

Ich nickte.

»Vielleicht ist das der wahre emotionale Kern der Rock- und Popmusik«, fuhr er fort. »Schließlich geht es auch im einflussreichsten Song der Rockgeschichte, ›Like a Rolling

Stone' von Bob Dylan, um die Frage, wie es sich anfühlt, allein, heimatlos und unbekannt wie ein Landstreicher zu sein. Und ist es in den Filmen nicht das Gleiche? Im ganz großen Kino gibt es kein Happy End. ‚Casablanca‘, ‚Jenseits von Afrika‘, ‚Vom Winde verweht‘, ‚Love Story‘, das sind Geschichten, die uns bewegen, weil sie so sind, wie das Leben wirklich ist. Traurig.«

In Bono selbst jedenfalls überwog ganz bestimmt die Traurigkeit, und der Soundtrack seines Lebens bestand wohl vorwiegend aus melancholischen Liedern.

»Mann trifft Frau, sie verlieben sich und sind glücklich bis an ihr Lebensende, das gibt es doch in Wirklichkeit gar nicht«, sagte er. »Das wäre viel zu banal. Das Leben ist nun einmal nicht so. Es ist nicht banal. Nichts ist leicht oder leicht lösbar, wie wir es gerne sehen würden und wie es uns deshalb oft verkauft wird. Das meiste ist kompliziert. Die richtig große Liebe bleibt meistens unerfüllt. Warum? Weil die äußeren Umstände des Lebens die Erfüllung nicht zulassen, weil Sachzwänge dazwischenkommen, weil Menschen ihre Lebensumstände nicht ändern können, weil Menschen nicht andere verletzen oder etwas Bestehendes zerstören wollen, oder weil Kriege oder Krankheiten ihre eigene Wirklichkeit bestimmen.«

Bono sah das Leben mit einer gewissen Resignation und dem Gefühl, nicht viel erwarten zu dürfen. Oft war er pessimistisch. Der Versuch, ihn aufzumuntern, wäre sinnlos gewesen. Er wollte nicht aufgemuntert werden. »Traurigkeit ist nichts Negatives«, sagte er. »Traurigkeit kann sogar eine Quelle der Inspiration sein. Bono von U2 hatte in Interviews immer wieder gesagt, dass er erst nach dem Tod seiner Mutter, als er 14 war, Gitarre zu spielen begonnen hatte. Nur so konnte er mit seinem Schmerz und seiner Wut wegen dieses Todes irgendwie umgehen. Erst durch Traurigkeit kann Kreativität entstehen, mit Traurigkeit werden Gedichte, Romane oder großartige Lieder geschrieben. Auch der Song ‚One‘ entstand, fast zufällig, als die Band sich eigentlich auflösen wollte.«

»The ache in my heart is so much a part of who I am.« – »Der Schmerz in meinem Herzen ist so sehr, was ich bin«, hatten U2 in »Iris« gesungen, und das galt wohl auch für den Bono, den ich kannte. Dadurch hatte er eine bescheidene und anspruchslose Lebenseinstellung entwickelt, war genügsam und stark im Ertragen und Verzichten. »Ich habe ‚One‘ einmal auf einem U2-Konzert als letzte Zugabe gehört«, sagte er. »Es war ein dermaßen großes Erlebnis, das reicht eigentlich für ein ganzes Leben.«

Bono würde kaum etwas für sich einfordern. Er war friedliebend und versuchte, Konflikte zu vermeiden. Eher verzichtete er auf etwas, auch wenn es ihm viel bedeutete, als dafür einen Streit oder auch nur die Enttäuschung von jemand anderem zu provozieren.

Als ich einmal in seinen Laden kam, baute er gerade Boxen auf, die mehr als einen Meter hoch waren. Sie waren von Bowers & Wilkins, eine der besten Marken für Boxen, wie er mir erklärte. Ein neues Modell kostete rund 22.000

Euro, seine allerdings waren schon vierzig Jahre alt, prismenförmig und enorm voluminös.

»Wo hast du denn diese schrägen Teile her?«, fragte ich ihn.

»Mein Onkel war Radiotechniker und hatte genau die gleichen daheim. Deshalb sind sie eine schöne Kindheitserinnerung für mich. Die beiden hier konnte ich einem Liebhaber abkaufen, der nach London zieht und sie nicht mitnehmen kann. Eigentlich wollte ich sie daheim aufstellen.«

»Warum sind sie dann jetzt hier?«

Er rückte die linke Box noch etwas zurecht, stand auf und fuhr sich durch die Haare. »Meine Freundin will so große Boxen absolut nicht in unserer Wohnung haben. So ist das nun einmal in einer Beziehung. Es geht darum, sich anzupassen, sich zu arrangieren und notfalls zurückzustecken.«

»Tut dir das in diesem Fall nicht leid?«, fragte ich.

»Du weißt ja, was U2 in ‚Iris‘ singt: Das Universum ist schön, aber kalt.« Er lächelte.

Bono war in jeder Hinsicht stark auf andere ausgerichtet und machte sich viele Gedanken über das Wohl seiner Mitmenschen. So konnte ich, wann immer ich wollte, Fred, meinen braunen, anhänglichen Irish Setter bei ihm im Laden lassen. Dies, obwohl Fred ein Riesenbaby war, das viel Raum, Zeit und Ansprache verlangte, ständig wie ein Pferd durch den Laden galoppierte und Kunden umrannte. »Er stört mich nicht, ich freue mich, wenn er da ist, und viel wichtiger ist, dass du keinen Stress hast«, sagte Bono immer, wenn ich zögerte, sein Angebot anzunehmen.

Einmal trat Fred in Hungerstreik. Ich hatte zuvor Ente gebraten und ihm einige Tage lang die Reste ins Fressen gemischt. Danach betrachtete er jede andere Form von Nahrung zunächst verächtlich und verweigerte sie schließlich ganz. Ich konnte Bono kaum davon abhalten, für Fred Entenbraten zu bestellen. »Der arme Hund«, sagte er mitleidig, als er schließlich doch einsah, dass diese Strategie auf Dauer nicht durchzuhalten wäre.

Bono träumte nicht wie viele andere Menschen von einem großen Auto, einer tollen Wohnung oder Luxusreisen. Viel wichtiger war es ihm, das, was er machte, mit Hingabe zu machen und sich dabei vertiefen und engagieren zu können.

»Als Kind waren die Wochenenden am Land das Größte für mich«, erzählte er mir einmal. »Ich schlief im Zimmer meines Cousins und dort gab es nur ein Bett, einen Plattenspieler mit zwei Boxen und eine Schallplattensammlung. Ein Paradies. Dass ich jetzt hier dieses Musikgeschäft haben kann, ist ebenfalls das Größte für mich. Ich bin umgeben von Schallplatten und jede einzelne davon ist voller Poesie und Geschichten. Letztendlich mache ich etwas Sinnvolles, denn ich verkaufe nicht nur Geräte und Platten, sondern auch schöne Erinnerungen und Emotionen. Viele Kunden kaufen Geräte, die sie sich immer gewünscht haben, die sie sich damals, als sie neu waren, aber nicht leisten konnten.«

Bono konnte richtig gut zuhören. Einmal hatte ich deshalb sogar ein schlechtes Gewissen. Ich war nach zehn Jahren wieder einmal Eislaufen gewesen, hatte mich ohne Aufwärmen hinaus auf die glitzernde Fläche geschwungen und war am Abend mit einem Gips am rechten Arm vom Unfallkrankenhaus heimgekommen.

Bono hatte mich am nächsten Tag darauf angesprochen, und obwohl es nicht meine Art war, andere mit meinen Problemchen zuzutexten, war es nur so aus mir herausgesprudelt. Furchtbarerweise konnte ich einfach nicht zu reden aufhören. Womöglich wäre Bono mit seiner Empathie und Geduld sogar der bessere Psychiater gewesen.

Diese Gabe tat ihm allerdings nicht immer gut. Zu viele seiner Mitmenschen nützten sie weidlich aus, halsten ihm ihre Probleme auf und ihm fehlte jede Strategie, ihnen Grenzen zu setzen. So blieb er dann oft bis spät in der Nacht in seinem Laden, um die Dinge abzuarbeiten, die er tagsüber bei all dem Zuhören versäumt hatte. Unzufrieden war er deshalb nie. »Wir müssen Geduld haben mit den Menschen, wenn es ihnen schlecht geht«, sagte er oft. »Jeder verdient es, gut behandelt zu werden.«

Bei solchen Gelegenheiten wurde er dann gerne auch philosophisch. »Das Leben ist eben so«, sagte er. »Es ist viel eher wie eine Schallplatte als wie Musik aus dem Internet. Du hörst sie von Anfang bis zum Ende, auch wenn dir zwischendurch Songs weniger gut gefallen. Du kannst sie nicht einfach weiter klicken. Das Leben erlaubt auch kein Auslassen von ungeliebten Songs. Was auf dem Plattenspieler unseres Lebens liegt, müssen wir erdulden und ertragen, solange unser Herz schlägt.«

Die wissenschaftliche Zuordnung »depressiv« für den Typ Bono klang für mich fast wie ein Missverständnis. Depression ist eine Erkrankung, unter der Patienten schrecklich zu leiden haben. Bono hingegen fühlte sich rund und ganz in den Stimmungen, in denen er meist verweilte. Melancholisch, nachdenklich, hingebungsvoll, friedlich, empathisch und emotional, diese Adjektive trafen die Sache für mich viel besser.

In Beziehungen versuchen Menschen mit dominantem innerem Bono zu denken und zu fühlen wie ihre Partner, deren Ansichten und Meinungen zu übernehmen und ihnen alle Wünsche von den Augen abzulesen. Sie würden am liebsten in einer Symbiose mit ihnen leben, sich im anderen auflösen oder sie vor Liebe »auffressen«.

So hatte einer meiner Freunde mit dominantem Bono immer Rucksackreisen geliebt. Er war in der ganzen Welt unterwegs gewesen, besonders gerne in Asien und Südamerika. Er war ein sportlicher Mensch, der in den Urlauben viel schnorcheln und surfen ging, er wanderte gerne oder lieh sich ein Mountainbike, um damit die Gegend zu erkunden.

Als er mir eines Tages erzählte, dass er mit seiner neuen Freundin zwei Wochen in einem türkischen All-inclusive-Club verbringen würde, dachte ich zunächst, er hätte den Verstand verloren. »Was willst du denn dort?«, fragte ich ihn. »Am Strand liegen, am Buffet essen und schlechte Cocktails trinken?«

»Ich mache das ihr zuliebe gerne«, antwortete er. »Sie liebt diese Art von Urlaub und für mich ist es okay. Wenn sie glücklich ist, bin ich es auch.«

Inzwischen habe ich oft miterlebt, wie Menschen mit starkem inneren Bono in diese selbst gestellte Falle gehen.

»Wenn ich am Freitagabend ein Bier mit zwei Arbeitskollegen trinken gehen kann, ist das für mich das Highlight der Woche«, hat mir einer von ihnen, einer meiner Patienten hier auf der Psychiatrie, jüngst erzählt. »Das ist nun einmal so. Gut, dass wir viel erlebt haben, als wir jünger waren. Weil jetzt, mit Kindern und Familie, ist das Leben eigentlich vorbei.«

Als Jugendlicher und junger Erwachsener hatte er ein buntes und ereignisreiches Leben geführt. Er besaß zwei Motorräder, an denen er ständig herumschraubte und mit denen er ständig unterwegs war.

Sein Leben bestand damals aus diesen Motorrädern und aus Musik, seinen Freundinnen und Freunden, aus Partys in Abbruchhäusern, in Garagen oder auf Almhütten.

Er hatte allerdings auch immer schon viele sentimentale und nachdenkliche Anteile, hatte viel gelesen und sich mit dem Tod beschäftigt. »Irgendwann muss jeder Mensch erwachsen werden«, das war sein Leitspruch, als er, inzwischen verheiratet, seiner schwangeren Frau zuliebe seine beiden Motorräder verkaufte. »Ich werde jetzt sowieso keine Zeit mehr zum Biken haben.«

In den folgenden Jahren lebte er wie ein Scheintoter, übernahm den Betrieb seiner Eltern, obwohl er das bis dahin aus Überzeugung abgelehnt hatte, und arbeitete viele Stunden am Tag. Wenn er abends nach Hause kam, kümmerte er sich um seine Kinder und kochte das Abendessen alleine, um seine Frau, eine Hausfrau, zu entlasten.

»Ich habe das gerne gemacht«, sagte er. »Sie ist nun einmal nicht sehr belastbar, und ich bin froh, wenn ich sie unterstützen kann. Unsere Jugend, unsere vielen Ideen und Träume, das ist doch alles längst vorbei. Das Leben bedeutet, für andere da zu sein und Verantwortung zu übernehmen.«

Durch sein ständiges Sich-selbst-Zurücknehmen und das Verzichten auf alle Wünsche und Ansprüche war sein Leben so geworden, wie es sein einstiger Lieblingsautor Ivo Andric geschildert hatte: Erwerb und Arbeit, ein bürgerliches Leben unterdrückter Laster und mäßiger Leidenschaften.

Zum Lesen von Andric war er inzwischen allerdings seit Jahren auch nicht mehr gekommen, die Tageszeitung am iPad war das Maximale, das sich ausging in seinem strikten und vollgestopften Zeitplan.

Als von seiner Mutter, die sich nicht besonders gut mit ihrer bequemen Schwiegertochter verstand, dann noch Druck kam, er solle sich doch gegenüber seiner Frau einmal durchsetzen, war es ihm nicht mehr möglich, weiterhin für beide Seiten der »Gute« zu sein und für beide Seiten die Situation zu entschärfen und zu verharmlosen, wie er es bisher immer getan hatte.

Längst schon waren die Positionen, zwischen denen er stand, zu konträr. Dadurch empfand er seine Situation als zunehmend ausweglos und er schlitterte in eine so schwere Depression, dass er wegen Selbstmordgedanken bei uns aufgenommen werden musste.

»Eigentlich hatten ja alle recht«, sinnierte er, während wir einmal auf der Bank in der Wiese vor dem Pavillon der

Akutpsychiatrie saßen, »Kurt Cobain, Michael Hutchence, Nick Drake, Tim Buckley, Jeff Buckley, Amy Winehouse, alle Menschen, die mich mitgeprägt haben, die ich bewundert habe. Alle sind tot, haben sich umgebracht, weil sie wussten, dass das Leben einfach nicht lebenswert ist.«

Er tippte auf der Playlist seines Handys herum. »Ich bin so, wie Nick Drake in ‚Place to Be' gesungen hat«, murmelte er dabei. »Früher war ich grüner als der Hügel, Blumen wuchsen und die Sonne schien. Und jetzt bin ich dunkler als der dunkelste Ozean.«

So ganz freiwillig ist der Verzicht des Typs Bono auf die Erfüllung eigener Wünsche ohnedies nie, und auch ihre Bescheidenheit ist in Wirklichkeit für sie nicht selbstverständlich. Beides ist meist begründet durch die Sorge, die Liebe der anderen zu verlieren, wenn sie sich egoistischer verhalten. Sie sind also in Wirklichkeit von Verlustängsten getrieben – womit die Schattenseiten dieses Typs klar werden. Da lieben und geliebt werden zu seinen wichtigsten Werten gehören und ihn jede Art von Spannung und Auseinandersetzung quält, verzichtet er oft auf eigene Wünsche und steckt zurück. Er will es nicht riskieren, andere zu enttäuschen oder gar zu verlieren.

Manchmal erheben Menschen mit dominantem innerem Bono ihre Art, anderen kaum Grenzen zu setzen, Konflikte zu meiden und in der Dulderrolle zu bleiben, zu einer Art Ideologie. Sie fühlen sich anderen dann moralisch überlegen, weil sie »nicht so gierig« sind. Ihre Bescheidenheit bekommt für sie einen Überwert und hilft ihnen, ihren aufkommenden Neid gegenüber jenen zu unterdrücken, die weniger selbstlos sind als sie und ihre Wünsche klar aussprechen. Je mehr sie sich kränken lassen, ohne sich zu wehren, umso größer kann ihr Gefühl der moralischen Überlegenheit sein.

Wenn Menschen mit starkem innerem Bono zugunsten anderer ständig auf alles verzichten, gehen sie aber ein hohes Risiko ein. Denn wenn in ihrem Leben für ihre eigenen Wünsche gar kein Platz mehr ist, wenn sie diese Wünsche immer nur zugunsten anderer unterdrücken, wird ihr ganzes Leben immer farbloser, reizloser und langweiliger. Sie empfinden es damit insgesamt als immer weniger lebenswert. Daraus können sie tatsächlich depressiv werden und andere psychische und auch körperliche Beschwerden entwickeln, die letztlich nichts anderes sind als ein unbewusster Selbstschutz ihres Körpers vor weiterem Sich-überfordern-Lassen.

Sie riskieren durch ihr Verhalten auch, zumindest unbewusst Aggressionen zu entwickeln, die sie dann häufig durch Jammern, Klagen und Lamentieren ausleben.

Die im Grunde gute Eigenschaft unseres inneren Bono, sich herzenswarm und verständnisvoll um andere zu kümmern und sich dabei selbst komplett in den Hintergrund zu stellen, kann so zur Selbstaufgabe werden, wie bei einer meiner Patientinnen, die jedes Jahr in der Vorweihnachtszeit mehr als zwei Wochen lang für ihre Verwandten und Freunde Kekse buk.

»Alle freuen sich so, wenn ich ihnen die Kekse vorbeibringe«, schilderte sie ihre Situation, »und von niemandem sonst bekommen sie so viele unterschiedliche. Ich freue mich einfach, wenn sich andere freuen.«

Schon Wochen vor der großen Backerei hatte sie allerdings jedes Jahr Ängste, das alles heuer nicht zu schaffen, und bekam Schuldgefühle, wenn sie gerade keine Lust hatte, diese selbstauferlegte Pflicht zu erfüllen.

An unsere Ambulanz kam sie, weil sie irgendwann entdeckt hatte, wie entspannend es war, den Rum nicht nur für ihre Rum- und Punschkugeln und Mandelkekse zu verwenden, sondern während des Backens immer wieder ein paar große Schlucke direkt aus der Flasche zu nehmen – solange, bis sie abhängig davon wurde.

Menschen mit dominantem innerem Bono üben oft helfende, dienende, pflegende oder soziale Berufe aus, denn für sie ist ihre Arbeit eher Berufung als Beruf. Prestige oder Geld sind ihnen weniger wichtig. Weil sie so einfühlsam, geduldig und aufopfernd sind, haben sie dabei längerfristig ein hohes Burn-out-Risiko.

Privat muss es trotz der Einfühlsamkeit des Typs Bono für ihn auch nicht gut laufen. Durch sein übertriebenes Verantwortungsbewusstsein kann er, zum Beispiel wenn er Gäste eingeladen hat, oft das Gefühl haben, allein für das Gelingen des Abends verantwortlich zu sein. Er glaubt, die Unterhaltung in Gang halten zu müssen, versucht es dann meist ebenso verkrampft wie erfolglos, und wenn dann eine Einladung nicht so recht zu glücken scheint, bedrängen ihn Schuldgefühle.

Die guten Eigenschaften des inneren Bono: Er ist bescheiden, friedfertig, einfühlsam, romantisch, genügsam, hingebungsvoll, geduldig und hilfsbereit.

Die schlechten Eigenschaften des inneren Bono: Er ist pessimistisch, passiv, hoffnungslos, konfliktscheu, lethargisch, fatalistisch, verkopft und naiv.

Wenn ich abends mit Fred spazieren ging, sah ich Bono oft noch spät in der Nacht mit Riesenkopfhörern im Geschäft sitzen, auf einem großen Drehsessel vor seinem MacBook, versunken ein Lied anhörend. Er schien dann immer in anderen Sphären zu sein. Manchmal hielt er kurz inne und kritzelte etwas auf einen Zettel, vielleicht einen selbst verfassten Songtext. »Einen Songtext zu schreiben ist viel schwieriger als ein Gedicht zu schreiben«, meinte er bei meinem jüngsten Besuch und sah mich fragend an. »Welche Rolle spielt die Musik eigentlich in deinem Leben?«

Gar keine mehr, dachte ich spontan. Weil mich mein Arztberuf stark vereinnahmte. In meinem Leben gab es, bis auf seltene Ausnahmen, nur noch ihn, die Kinder, den Hund und das daraus resultierende große Chaos. Die Musik war aus meinem Leben verschwunden. Sie war verloren gegangen, und ich konnte mich nicht mehr erinnern, wann oder wie. Es war einfach so passiert, leise und unbemerkt.

Ich sah hinaus auf die Straße. Die Ladentür stand weit offen und draußen regnete es in Strömen. Bono hatte eine alte

Jazzplatte aufgelegt und wir tranken Kaffee, während sich die Musik mit dem Prasseln des Regens auf den Asphalt vermischte.

Frühere Zeiten fielen mir ein, endlose Sommer, Rockkonzerte, Musikfestivals, Anreisen von hunderten Kilometern zu besonderen Konzerten, Übernachtungen in Autos, Partys in Proberäumen, Lagerfeuer mit Gitarre. Zeiten, in denen wir stundenlang nur Musik hörten und Songtexte lasen. Zeiten, bevor die Dienstpläne kamen, der Stress und mit ihm als Ausgleich das exzessive Onlineshopping. Zeiten, in denen die Musik mich ausgefüllt hatte.

Ich überlegte, ob es nicht an der Zeit wäre, mich nicht nur mit meinem inneren Christopher, sondern auch mit meinem inneren Bono wieder mehr anzufreunden.

Mit einem dominanten Bono ...

... ordnen wir uns gerne in ein größeres Ganzes ein und nehmen uns selbst zugunsten größerer Zusammenhänge zurück. Wenn unser innerer Bono gut entwickelt ist, sind wir empfänglich für die Emotionen anderer, was uns hilft, unser Gegenüber zu verstehen. Somit können wir unseren Freunden und Partnern in schwierigen Lebenslagen besser zur Seite stehen, aber auch freudvolle Momente besser mit ihnen teilen. Ein gesunder Bono-Anteil macht uns empfänglich für das Schöne, durch ihn können wir

Musik, Kunst und die ruhigen romantischen Momente im Leben in vollen Zügen genießen.

Mit zu dominantem Bono haben wir allerdings einen ausgeprägten Wunsch, zu lieben und geliebt zu werden, und unsere Liebesbeziehungen und unser Partner haben einen überdimensional hohen Wert für uns. Wir würden am liebsten auch den letzten Rest von Distanz zwischen uns und unserem Partner aufheben, um eins mit ihm werden zu können.

Freunde und Partner können dadurch das Gefühl bekommen, dass wir die Grenzen ihrer Privatsphäre überschreiten. Für sie können wir dann überbesorgt oder sogar übergriffig wirken. Oft bewirkt das in den anderen ambivalente Gefühle. Etwa, weil die meisten Menschen unaufgefordert angebotene Hilfe zwar gerne annehmen, die damit verbundene Dankbarkeitsverpflichtung aber einen unangenehmen Beigeschmack hat.

Die von einem zu dominanten inneren Bono ausgelöste Angst vor dem Alleinsein, vor dem Herausfallen aus der Geborgenheit, also letztlich auch die Angst davor, eigenständig zu sein, bedrängt und lenkt uns unaufhörlich.

Mit einem dominanten Bono erleben wir oft eine gewisse Hoffnungslosigkeit. Wir glauben nicht an uns und unsere Möglichkeiten und entwickeln als Überlebensstrategie die Anpassung.

... haben wir Probleme damit, die einfachen Dinge im Leben wertzuschätzen und zu genießen. Ein Picknick im Park an einem Sommertag, ein Sonnenuntergang am Meer, solche Dinge lösen in uns kaum mehr als Langeweile aus.

Da wir mit zu schwach ausgebildetem Bono kaum mit negativen Emotionen umgehen können, werden wir schnell unruhig, wenn wir uns nicht glücklich fühlen. Anstatt negative emotionale Zustände durchzustehen, versuchen wir so schnell wie möglich, das Problem zu finden und zu lösen.

Gerne vergessen wir dabei, dass jeder Mensch einmal eine schlechte Phase hat und sich nicht immer ein grundlegendes Problem hinter jeder negativen Emotion finden lässt. Häufig wird dann das gesuchte Problem an äußeren Umständen festgemacht. Die Arbeit, der Partner oder die Freunde sind beliebte Ziele hierfür.

Durch dieses stete Suchen nach der maximalen Intensität an Glück und Erfüllung verhalten wir uns sprunghaft und werden als unberechenbar wahrgenommen.

Ein zu schwacher Bono macht es uns schwer, in die Schuhe der anderen zu schlüpfen und ihre Gefühlslage nachzuvollziehen. Gepaart mit innerer Unruhe und der permanenten Suche nach dem großen

Glück fällt es uns dadurch schwer, über den eigenen Tellerrand zu blicken und uns in das große Ganze der Welt einzufügen.

DER KOSMOS,
DER UNS AUSMACHT

Wenn ich im Krankenhaus ankomme, um meinen Dienst anzutreten, erwische ich mich immer wieder beim Bestaunen dieses magischen Orts. Inmitten einer Grünfläche verteilen sich die Gebäude des Krankenhauskomplexes, vom einfach und klar definierten Hauptgebäude bis zum Theater und zu einem Café in prunkvollem Jugendstil.

Wunderschöne Architektur in einer wunderschönen Landschaft, das Ganze auf der Baumgartner Höhe, einem Hügel im Westen Wiens, dem die Stadt im eigentlichen Wortsinn zu Füßen liegt. Sogar Rehe kamen dort gelegentlich zu Besuch.

Als ich während eines Nachtdienstes im Sommer auf dem Flachdach saß, blickte ich wieder einmal hinunter auf die beleuchtete Stadt und hinauf in den Sternenhimmel. Der Sommer war gerade dabei, so richtig Fahrt aufzunehmen und es war ein lauer, klarer Abend. Ich dachte über die Schriften Riemanns nach, die ich seit meinem Gespräch mit Shird vor zwei Monaten alle gelesen hatte. Er hatte die vier Persönlichkeiten in uns mit Kräften verglichen, die auf die Erde einwirkten.

Wenn wir uns selbst als einen Planeten vorstellen, der seine Bahnen durch das Sonnensystem zieht, dann gibt es vier Kräfte, die diese Bahnen bestimmen: Christopher, Sophie, Valeria und Bono.

Sophie bedeutet in diesem Bild: Es dreht sich alles um uns selbst.

Bono bedeutet: Es dreht sich alles um andere.

Valeria bedeutet: Es bewegt sich alles vom Erdmittelpunkt weg, kreuz und quer durch den Kosmos.

Christopher bedeutet: Es bewegt sich am besten gar nichts und alles steht still.

Alle vier Kräfte haben ihre Berechtigung und ihren Sinn in unserem Leben, doch wichtig ist es, dass sie ausgewogen sind, denn nur so können wir unsere Bahnen in Harmonie mit dem Kosmos ziehen und verhindern, in die große Leere des Alls geschleudert zu werden. Nur so können wir eins mit uns selbst werden.

Denn so sind wir auf alle Situationen des Lebens vorbereitet, können in uns ruhend sicher sein, jede Herausforderung bewältigen zu können. Wir müssten vor nichts mehr davon- und nichts mehr nachlaufen. Nichts wäre mehr im Ungleichgewicht, alles wäre im Einklang.

Aber wie kommt es eigentlich dazu, dass unsere vier Persönlichkeitsanteile nicht von Natur aus gleich gewichtet sind, dass wir nicht einfach eins mit uns selbst zur Welt kommen und uns diesen Zustand ganz selbstverständlich bis zum letzten Atemzug bewahren?

Zu einem dominanten Christopher kann es kommen, wenn wir von Natur aus bereits genauer, langsamer und vorsichtiger als andere sind und es nicht schaffen, diese Tendenzen über die Zeit in ein ausgewogenes Maß zu bringen.

Ein dominanter innerer Christopher kann aber auch entstehen, wenn wir besonders eigenwillig sind, unseren Willen auf lebhafte und energische Weise durchzusetzen versuchen und daher häufig bereits als Kinder des Öfteren anecken.

Durch eine solche Konstitution kann es dem Umfeld eines Kindes als nötig erscheinen, dessen Gefühlsäußerungen stärker kontrollieren zu müssen. Wenn Gefühlsäußerungen wie Wut oder Ärger in der Kindheit übermäßig bestraft werden, muss das Kind zu früh lernen, sich zu kontrollieren, sich zu beherrschen und Impulse zu unterdrücken. Wenn es jede Spontanität, jede Äußerung gesunden Eigenwillens zu drosseln oder ganz zu unterdrücken gilt, werden Kinder vorsichtiger, zögernder, kontrollierter, verunsichert und gehemmt.

Diese Prägung erfolgt dabei im Alter zwischen zwei und vier Jahren, wenn sich Kinder bereits von ihrer Mutter unterscheiden und »Ich« sagen können. Mit der Entdeckung des Ichs geht auch die Entdeckung des eigenen Willens einher. Da diese Entdeckung etwas überaus Spannendes ist, wollen wir als Kinder herausfinden, was sich mit so einem eigenen Willen alles anstellen lässt. Wir beginnen also damit, die Grenzen des Erlaubten zu erkunden. Dabei kommt es naturgemäß zu Konflikten und die Kinder stellen fest, dass ihre Eltern nicht alles, was sie machen, schätzen.

Für die Eltern und das übrige Umfeld der Kinder ist das eine heikle Phase. Denn einerseits brauchen Kinder klare Regeln und Grenzen, andererseits können zu frühe und zu strenge Strafen für normale Bedürfnisse wie Bewegungsdrang, Experimentieren oder auch natürliche Geschwisterrivalitäten und das Ausdrücken von Wut das verstärkte Auftreten unseres inneren Christopher begünstigen.

Zu einer dominanten Sophie kann es kommen, wenn wir von Natur aus eher empfindlich, verwundbar und sensibel sind, und uns deshalb vor emotionaler Überforderung schützen müssen. Als Selbstschutz vor einer emotionalen Reizüberflutung bietet sich die Distanz zwischen uns und unserer Umwelt an.

Die Rolle der Eltern ist dabei, wie in so vielen anderen Bereichen auch, oft entscheidend. Wenn sie das natürliche Bedürfnis ihrer Kinder nach Alleinsein und Ruhe überrennen, sich ständig mit ihnen beschäftigen und sie überallhin mitschleppen, kann das eine Dominanz der inneren Sophie bei ihren Kindern begünstigen.

Gleiches gilt für einen häufigen Wechsel von Bezugspersonen, für zu viele Umgebungswechsel während des Heranwachsens oder zu viele Sinneseindrücke, die Kinder nicht verarbeiten können. In der Folge nehmen sich solche Kinder zurück, grenzen sich ab, verschließen sich ängstlich und irritiert und bleiben später auf Distanz.

Es können sich aber auch bei besonders unruhigen Kindern, die von ihrer Umwelt oft als lästig und unangenehm empfunden werden, die Sophie-Anteile verstärken. Denn diese Kinder machen immer wieder die Erfahrung der Zurückweisung, woraus sie ein grundlegendes Misstrauen gegenüber ihren Mitmenschen entwickeln und ihre innere Distanzregelung auf »hoch« stellen, wie es für den Typ Sophie charakteristisch ist.

Zu einer dominanten Valeria kann es ebenfalls kommen, wenn wir von Natur aus, also von unserer genetischen und epigenetischen Anlage her, dafür prädestiniert sind, eher emotionale, offene und kontaktfreudige Menschen zu sein.

Auffallend ist auch, dass Menschen mit dominanter innerer Valeria häufig besonders gut aussehen. Bereits für Kinder hat das Einfluss darauf, wie ihre Mitmenschen sie behandeln. Meist fällt es gutaussehenden Kindern leichter, Freunde zu finden, da andere Kinder mit größerer Wahrscheinlichkeit auf sie zugehen.

Über die Kindheit und Jugend hinweg lernen gutaussehende Kinder also, einen gewissen Grad an Freundlichkeit und Offenheit zu erwarten. Gutes Aussehen kann also ein unheilvolles Geschenk sein, da es die unrealistische Erwartung erweckt, immer und überall geliebt zu werden und sich auf diesen Effekt in jeder Situation verlassen zu können.

Lebensgeschichtlich gilt die Zeit zwischen vier und sechs Jahren als die Zeit der Entwicklung von dominanten Valeria-Anteilen. Es ist die Zeit, in der die Eltern und andere Menschen zunehmend Erwartungen in die Kinder setzen, in der Kinder Geschlechterrollen wahrnehmen und die Rollenmodelle von Eltern und Geschwistern zu verstehen beginnen. Es ist auch die Zeit des beginnenden Wettbewerbs im Kindergarten und in der Schule.

Begünstigend für eine starke Ausprägung von Valeria in einem Kind kann dann zum Beispiel ein chaotisches Umfeld sein, in dem an einem Tag bestraft wird, was am nächsten Tag gar nicht auffällt, oder in dem für Kinder und Eltern unterschiedliche Regeln gelten. Ein Umfeld also, in dem die Orientierung fehlt.

Begünstigend für die Entwicklung einer starken Valeria in dieser Phase ist auch eine unglückliche Beziehung der Eltern zueinander, zumal dann, wenn eines der Elternteile ein Kind als Partnerersatz sieht. Den Kindern fehlt dann, was sie am dringendsten brauchen: überzeugende Vorbilder, an denen sie sich ausrichten können, die ihnen etwas vorleben, das ihnen erstrebenswert erscheint.

Diese Situation führt letztendlich zur altersbedingten Überforderung der Kinder, weil sie in eine Rolle geschoben werden, für die sie noch nicht reif genug sind, und welche sie zwingt, die für sie passende Rolle eines Kindes zu verlassen.

Die Rollen, die diese Kinder einnehmen, entsprechen in der Folge nicht wirklich ihrem eigentlichen Wesen. Die Kinder erfüllen eher so etwas wie eine Funktion, die ihnen gegen ihren Willen aufgedrängt wurde.

Dieses Nebeneinander von Erwachsen-sein-Sollen und Als-Kind-behandelt-Werden ist für Kinder verwirrend und vermittelt ihnen Minderwertigkeitsgefühle, weil sie die Erwartungen niemals erfüllen können.

Oft drängt sie dabei ihre Umgebung dazu, immer »Sonnenschein« zu sein, und sie werden geliebt, wenn sie strahlen und heiter sind. Letztendlich müssen solche Kinder eine Fassade aufbauen, die ihnen die Suche nach ihrer eigenen Identität erschwert.

Ihre daraus resultierende, anhaltende Unzufriedenheit mit sich selbst macht sie leicht verführbar und reizhungrig. Sie sind immer auf der Suche nach Veränderungen, von denen sie sich viel versprechen. Sie glauben, dass sie etwas in ihrer Umgebung ändern müssen, während sie in Wirklichkeit vor allem ihre Beziehung zu sich selbst verändern müssten.

Zu einem dominanten inneren Bono kann es kommen, wenn wir von Natur aus sensible, einfühlsame Menschen sind, gefühlswarm, liebesbereit, aber auch ernst und melancholisch. Wir tun uns dann schwerer, eine Ellbogenmentalität zu entwickeln und uns Dinge zu erkämpfen.

Besonders relevant für eine mögliche Dominanz unseres inneren Bono ist jene Phase, in der Kinder noch vollends von der Mutter abhängig sind, mit ihr in einer Symbiose leben und allmählich merken, dass diese Mutter nicht immer für sie da sein kann, dass sie letztlich von ihr getrennt sind.

Sogenannte »Super Moms«, die sich als Gluckenmütter um jedes Bedürfnis ihrer Kinder sofort kümmern und sie vor jeder Belastung zu schützen versuchen, können dazu beitragen, dass sich so eine Dominanz ausbildet.

Solchen Müttern wäre es am liebsten, würde ihr Kind immer ein Baby bleiben, das sie immer braucht und hilflos und abhängig ist. Sie überschütten es mit Zärtlichkeit und versuchen, dem Kind alles abzunehmen, es von allem abzuschirmen, sich zwischen das Kind und die »böse« Welt zu schieben.

Wenn Mütter aber auf jede Unmutsbekundung und Unzufriedenheit eines Kindes sofort reagieren, nehmen sie ihm die Chance, eigene Bedürfnisse richtig zu erkennen und für sie kämpfen zu lernen. Solche Kinder bleiben dann auch oft als Erwachsene in einer passiven Erwartungshaltung.

Oft führen auch Krisen wie Eheprobleme oder Trennungen dazu, dass Mütter oder Väter sich zu sehr auf ein Kind konzentrieren und es zu ihrem Lebensinhalt machen – mit dem gleichen Effekt.

Eine Dominanz des Bono-Anteils kann sich auch bei ungeplanten Kindern oder Stiefkindern entwickeln, wenn es den Müttern oder Stiefmüttern schwerfällt, sich um das Kind zu kümmern, weil sie es eigentlich nicht wollten, sich aber verpflichtet fühlen, nett zu ihm zu sein.

Sie verwöhnen dann das Kind aus Schuldgefühlen und weil sie etwas wiedergutmachen möchten. Das Kind spürt aber die Ablehnung und den Mangel an echter Liebe, den die Verwöhnung nie ausgleichen kann. So kann es dazu kommen, dass das Kind sich selbst als Last empfindet, als jemanden, der froh sein muss, geduldet zu werden.

Ich saß noch immer am Flachdach, ganz in Gedanken versunken. Das Universum unter mir, die Patientinnen und Patienten hatten im Moment keinen Bedarf an mir. Das

Universum über mir inspirierte mich, weiter über das Universum in mir nachzudenken.

Es war ziemlich eindeutig, wer da welche Bahnen zog. Mein Fixstern war Valeria, die alles dominierte. Christopher war irgendwo im Hintergrund dieses Kosmos verschwunden. Bono blinkte ab und zu auf, aber er hatte eher die Bedeutung eines fernen Sehnsuchtssterns als den eines tragenden Bestandteils meines Kosmos. Sophie war immerhin da, aber etwas zu schwach, um der alles dominierenden Valeria ausreichend entgegenhalten zu können.

Von Harmonie war jedenfalls keine Spur. Eins mit sich zu sein, das ging anders.

DER TRAINER

Shird und ich hatten wieder einmal gemeinsam Nachtdienst und warteten auf einen Patienten. Es war 11 Uhr abends und ich war müde von der fettigen Pizza, die wir bestellt hatten. Ich spielte mit meinem Handy, als mir ein Link zu einem »Harry-Potter-Persönlichkeitstest« auffiel. Dabei würde ich herausfinden können, in welches der Harry-Potter-Häuser ich am besten passte.

Ich hatte »Harry Potter« gelesen. Zu Beginn jedes Schuljahres verteilt der »Sprechende Hut«, ein uralter Spitzhut, dem die Gründer der Hogwarts-Zauberschule einen Teil ihrer Intelligenz verliehen hatten, alle neuen Schüler auf die vier Internatshäuser »Gryffindor«, »Hufflepuff«, »Ravenclaw« und »Slytherin«. Er entscheidet dabei anhand des jeweiligen Charakters der Schüler. Geleitet von je einem Professor haben die Häuser familiären Charakter. Die Schüler schlafen im Schlafsaal ihres Hauses, verbringen ihre Freizeit unter ihresgleichen und essen am gemeinsamen Tisch.

Bei dem Test, auf den ich über Pinterest aufmerksam gemacht wurde, ging es also darum, in welches der vier Häuser, die in Wirklichkeit gar nicht existierten, sondern reine Erfindung einer ziemlich erfolgreichen Autorin waren, ich passen würde. »Schau, was sich die Leute für Kindereien ausdenken«, sagte ich zu Shird und zeigte ihm den Test.

Shird lachte: »Das mag dir kindisch vorkommen, aber die Frage, in welches Harry-Potter-Haus wir am ehesten passen, sagt tatsächlich einiges über uns aus.«

Shird hatte »Harry Potter« offenbar auch gelesen, und nicht nur das. Er hatte sich ein wenig mit der Psychologie dahinter befasst und war dabei auf einige interessante Erkenntnisse gestoßen. »Die vier Häuser passen ziemlich genau zu den vier Teilen unserer Seele«, sagte er. »Die mächtigsten Zauberer ihrer Zeit, Godric Gryffindor, Helga Hufflepuff, Rowena Ravenclaw und Salazar Slytherin, haben die Schule im Roman gegründet. Auch errichteten sie dort jeweils ein eigenes Haus für jene Schüler, die am ehesten ihren Vorstellungen entsprachen. Zitiere mich damit bitte nicht vor eingefleischten Harry-Potter-Fans, aber kurz zusammengefasst ist das Haus Gryffindor jenes der Mutigen und Tapferen, weshalb Valeria am ehesten dort landen würde. Das Haus Hufflepuff setzt seinen Fokus auf Gerechtigkeit, Treue und Fleiß, weshalb der ‚Sprechende Hut‘ wahrscheinlich Bono dorthin schicken würde. Das Haus Ravenclaw steht für Intelligenz, Weisheit und Genauigkeit. Christopher würde sich bestimmt dort am wohlsten fühlen. Das Haus Slytherin schließlich ist das der Ehrgeizigen und Zielstrebigen, die nicht immer sonderlich sympathisch sind, weshalb Sophie perfekt dorthin passen würde.«

Ich fand es faszinierend, dass eine Schriftstellerin auf eine ähnliche Einteilung der Seele gestoßen war wie zuvor der Psychologe und Psychoanalytiker Fritz Riemann und nun auch Shird und ich. Doch Fritz Riemann, und irgendwie auch Joanne K. Rowling, waren weder der Ersten noch der Einzigen, die unsere Seele in verschiedene Aspekte unterteilt hatten.

So etwa hatte der Genetiker und Psychiater Claude Robert Cloninger 1989 einen Fragebogen entwickelt, mit dem er vier Dimensionen des Temperaments voneinander abgrenzte. Seine Kategorien waren das Vermeidungsverhalten (ängstlich und pessimistisch versus aufgeschlossen und optimistisch), die Neugierde (impulsiv und hitzig versus rigide und schwerfällig), die Abhängigkeit von Anerkennung (warm und bestätigungssuchend versus kalt und unnahbar) und die Ausdauer (ambitioniert versus leicht entmutigt und unter den Möglichkeiten bleibend). Auch Cloningers vier Kategorien waren bei näherem Hinsehen leicht Christopher, Valeria, Sophie und Bono zuzuordnen.

Dies überzeugte mich, dass wir uns nicht mit irgendeinem neuen Trick zur Selbstanalyse befassten. Einem Trick, der unter den Moden in diesem Bereich vielleicht einmal nach oben schwappen würden, um dann wieder in Vergessenheit zu geraten. Ich ahnte, auf etwas Fundamentales gestoßen zu sein, auf etwas Richtiges, auf etwas, das Teil des intuitiven Menschheitswissens war.

Kurz nach diesem gedanklichen Ausflug in Harry Potters Zauberwelt, an einem Nachmittag im Juli, bekam ich neuerlich Gelegenheit, mich mit diesem Wissen zu befassen. Eine Freundin hatte mich zu einer Grillparty auf ihrer Dachterrasse eingeladen.

Es war einer der Abende, die meine Erinnerungen an diesen Sommer prägen würden, und die später, wenn der November mit seiner Nässe und seiner zähen Kälte über der Stadt lag, beinahe unwirklich erschienen. Es war heiß, aber nicht schwül, die Atmosphäre war ausgelassen, wir hatten alle am nächsten Tag frei, hatten uns schon länger nicht gesehen und dementsprechend viel zu besprechen. Die meisten von uns waren eben vom Urlaub zurückgekommen und entspannt, oder würden demnächst auf Urlaub fahren und waren voller Vorfreude. Dazu passend kreisten unsere Gespräche zunächst um Strände, Bergseen, Hotels, Wohnwägen, Strandrestaurants und Gelaterien.

Die Kohlen im Grill glühten bereits, als wir noch in der Küche standen, lachten, redeten und Neuigkeiten austauschten. Während die anderen dabei die Steaks marinierten, den Salat schnitten und die Joghurt-Kräuter-Sauce anrührten, mixte ich für alle meinen Lieblingsaperitif aus Südfrankreich: Pamplemousse Rosé, bestehend aus Roséwein, frisch gepresstem Grapefruitsaft und einer Menge Eiswürfel.

Ich hatte erst eine Grapefruit ausgepresst, als zwischen zwei meiner Freunde eine hitzige Debatte über ein Fußballspiel der österreichischen Nationalmannschaft am Vortag entbrannte. Ziemlich emotional redeten die beiden über die aktuelle Form bestimmter Spieler und über das perfekte zahlenmäßige Verhältnis zwischen Verteidigern, Mittelfeldspielern und Stürmern am Feld. Unterschiedlicher Meinung waren sie vor allem bei den Spielerwechseln, die der Trainer im Verlauf des Matches vorgenommen hatte.

Zunächst war ich nur etwas verwundert, welches Thema unsere schönen Urlaubsgespräche übertönte. Als die beiden immer weiter über Verteidigung, Mittelfeld und Angriff diskutierten und sich schließlich sogar am Handy Spieler-Aufstellungen ansahen, war ich richtig genervt. Ich hielt Urlaubspläne, meinen neuen Bikini und die unterschiedlichen Gewichtsbeschränkungen diverser Fluglinien bei Reisegepäck für viel interessanter.

Ganz abgesehen davon mochte ich es nicht, wenn innerhalb einer Gruppe zwei Menschen über ein Thema sprachen, von dem die anderen keine Ahnung hatten. Das kam mir egozentrisch vor, schließlich schlossen die beiden alle anderen aus ihrem Gespräch aus.

Wie interessant konnte es schon sein, vom Sofa aus ein Fußballspiel zu verfolgen? Viel wichtiger wäre mir zum Beispiel ein Rat gewesen, ob ich mir im Urlaub in Saint-Tropez hellbraune oder rote Sandalen kaufen sollte, und ich hätte gerne von dem tollen Laden für Panama-Hüte erzählt, auf den ich in der französischen Vogue gestoßen war. Außerdem wussten wir noch gar nicht, was zwei unserer Freunde erlebt hatten, die im Auto nach Amsterdam und dann weiter nach London und Liverpool gefahren waren.

Als ich genug Grapefruitsaft für jede Menge Pamplemousse Rosé ausgepresst hatte, beschloss ich, das Fußballgespräch abzuwürgen. Gereizt nahm ich, um es in der Fußballersprache auszudrücken, die Position des Stürmers ein und fragte in die Runde: »Ein Spieler spielt schlecht, weshalb ihn der Trainer gegen einen anderen austauscht, was gibt es da großartig zu diskutieren?«

Es wurde still um mich. Die beiden Diskutanten und einige andere Gäste sahen mich an, als ob ich den Verstand verloren hätte. Alex, ein wirklich guter Freund, den ich nie als Fußballfanatiker kennengelernt hatte, gehörte auch zu diesen Fassungslosen. »Was glaubst du denn? Die Trainer lassen immer mehrere Spieler gleichzeitig aufwärmen, meistens drei, manchmal aber auch fünf. Diese Spielerwechsel gehören zu ihren wichtigsten Taktiken. Drei Mal dürfen sie in einem Spiel wechseln. Einfach sind diese Entscheidungen nie, denn die Trainer müssen dafür wissen, welcher Spieler in welcher Kombination in der jeweiligen Phase des Spiels die besten Erfolgschancen für sein Team bringt.«

Ich war sauer, weil mich Alex wie die allergrößte Idiotin aussehen ließ, und wandte mich an Alex' Freundin Mina. »Hast du etwa gewusst, wie viele Fußballspieler gleichzeitig aufwärmen?«

Mina schüttelte den Kopf. »Ich sehe zwar manchmal, wenn Alex Fußball schaut, dass ein paar Spieler am Rand herumlaufen, aber was dahintersteckt, war mir auch nicht klar.« Mina und ich bekamen nun auch zögerliche Zustimmung von anderen Gästen, womit immerhin mein Gesicht gewahrt war.

Während ich die Eiswürfel aus dem Tiefkühlfach auf die Gläser verteilte, dachte ich über aufwärmende Fußballer nach. Denn letztendlich hatte die Diskussion doch mein Interesse geweckt. Dass es eine Strategie hinter den von Trainern veranlassten Spielerwechseln gab, verlieh dem Spiel eine Dimension, die über den Gedanken an 22 Männer, die einem Ball hinterherrannten, hinausreichte. Irgendwann hatte ich jemanden sagen gehört, dass Fußball wie Schach sein konnte. Dieser Satz leuchtete mir in diesem Moment ein.

»Es wärmen also ständig auch Spieler auf, die vielleicht gar nicht zum Einsatz kommen?«, fragte ich Alex, der zu mir getreten war. »Ja, sicher«, antwortete er, während die Gespräche wieder einen ruhigeren Verlauf nahmen, »der Trainer weiß schließlich nie, was während des Spiels passieren wird und welche Situationen eintreten. Er muss jederzeit die Möglichkeit haben, einen Spieler hinauszuschicken, der in einer bestimmten Situation besser geeignet ist als einer der Feldspieler.«

Als ich alle Gläser mit Eiswürfeln gefüllt hatte, holte ich den Roséwein aus dem Kühlschrank. Während ich ihn langsam über die Eiswürfel rinnen ließ, grübelte ich weiter. Ein Trainer, der seine Fußballmannschaft mithilfe der richtigen Spielerauswahl an die jeweiligen Situationen am Feld anpassen muss, erinnerte mich daran, wie auch wir uns in verschiedenen Lebenssituationen von verschiedenen Seiten zeigen und verschiedene Stärken in den Vordergrund stellen mussten. Bei einem Bewerbungsgespräch etwa waren wir ganz anders gefordert als zum Beispiel bei einer solchen sommerlichen Grillparty, was ja nur bedeuten konnte, dass wir umso erfolgreicher in jeder Situation agieren konnten, je besser es uns gelang, die richtige Kombination unserer »Spieler« Christopher, Valeria, Sophie und Bono auf das Feld zu schicken.

Wenn es gerade darum geht, Ordnung ins Leben zu bringen, schicken wir am besten Christopher, während die anderen drei sich am Spielfeldrand aufwärmen. Ist die Situation besonders verfahren, macht es aufgrund ihrer Kraft und ihrer Unabhängigkeit Sinn, Sophie gemeinsam mit Christopher auflaufen zu lassen. Besteht die Herausforderung eher darin, gleichzeitig neues Terrain zu erkunden, ist besser Valeria am Spielfeld, da sie Risikobereitschaft und Unternehmungslust miteinbringt. Ist die Situation, die Christopher neu ordnen sollte, von Streitigkeiten begleitet, steht ihm idealerweise der friedliebende und empathische Bono zur Seite.

Ich holte den Grapefruitsaft aus dem Kühlschrank und füllte die Gläser damit auf, sodass das Verhältnis von Wein zu Grapefruitsaft ungefähr eins zu eins war. Wir stießen mit viel Gelächter und lautem »Santé!« an. Nur kurz dachte ich voller Vorfreude an die vielen Pamplemousse Rosé, an denen ich im August während meines Urlaubs in Südfrankreich nippen würde. Dann schweiften meine Gedanken wieder zu den sich aufwärmenden Fußballspielen ab. Über ihren Einsatz entschied ihr Trainer, aber wer entschied, welche unserer vier Persönlichkeiten wir gerade aufs Feld schickten? Hatten wir neben unseren vier inneren Persönlichkeiten auch so etwas wie einen inneren Trainer?

Auch darauf fand ich eine Antwort, die mich auch ohne den kühlen Sommerdrink in meiner Hand ein wenig euphorisch gemacht hätte. Denn tatsächlich verfügten wir nicht nur über Spieler, über vier statt elf, sondern eben auch über eine Art Trainer, der sie in unseren täglichen Lebenssituationen ein- und auswechseln konnte.

Besonders interessant beschrieben fand ich diesen inneren Trainer im amerikanischen Big-Five-Modell der Seele. Es gehört in der Psychiatrie zum Basiswissen und ist mit mehr als 3.000 Studien belegt. Im Englischen wird es nach den fünf Faktoren »openness« (Offenheit), »conscientiousness« (Gewissenhaftigkeit), »extraversion« (Extrovertiertheit), »agreeableness« (Verträglichkeit) und »neuroticism« (Neurotizismus) auch als OCEAN-Modell bezeichnet, im Deutschen ist es als Fünf-Faktoren-Modell der Persönlichkeit (FFM) bekannt.

Während sich auch hier die ersten vier Teile eindeutig Christopher, Valeria, Sophie und Bono zuordnen lassen, steht der fünfte Teil der Seele, der Neurotizismus, letztlich für das Ausmaß unserer Impulskontrolle und entspricht in etwa dem Ich, das nach dem Neurologen und Tiefenpsychologen Sigmund Freud Entscheidungen zwischen Über-Ich und Es, den Trieben, abwägen muss. Der Neurotizismus des Big-Five-Modells, oder das Ich im Modell Sigmund Freuds ist also der Trainer, der entscheidet, wer von den vier zur Verfügung stehenden Spielern in welcher Kombination zum Einsatz kommt.

Mein Interesse an Fußball war nun endgültig geweckt. »Gibt es nicht viel Konkurrenz unter den Spielern?«, fragte ich Alex, während wir die Steaks aßen. »Glaubt nicht jeder zu jedem Zeitpunkt, dass er der Allerbeste wäre, um das Spiel zu gewinnen?«

»Klar will jeder Spieler spielen«, antwortete er. »Gerade deshalb ist ja der Trainer so wichtig. Nur er kann die Situation und die Stärken und Schwächen der einzelnen Spieler richtig einschätzen und dementsprechend entscheiden.«

Ich schnitt in mein noch blutiges Steak, dessen Saft sich mit der Joghurtsauce für meine Folienkartoffeln vermischte. Der Trainer und die Fußballspieler, das Ich und die vier Teile unserer Seele, diese Analogie gefiel mir. Ich besann mich auf mein eigenes Ich, den Trainer meines eigenen inneren Teams, und fragte mich angesichts des anhaltenden Chaos in meinem Leben, ob es an der Zeit wäre, einen Spielerwechsel vorzunehmen.

EIN EXPERIMENT AM SPIELFELD

Eine Gelegenheit zu einem ersten bewussten Spielerwechsel ergab sich für mich wenige Tage später. Es war inzwischen Ende Juli, Haupturlaubszeit, und nur wenige Ärzte unseres Krankenhauses waren in der Stadt. Als von diesen wenigen sich auch noch zwei krankmeldeten, drohte die gesamte Diensteinteilung zu kollabieren. Wir mussten zusätzliche Nachtdienste verteilen, Tagespräsenzen neu organisieren und die freien Tage der verbliebenen Ärzte beschneiden.

Ich neigte in solchen Situationen bisher immer dazu, schnell und ohne viel nachzudenken Dienste zu übernehmen. Ausgerechnet in solchen Situationen drängte sich mein sonst eher unterentwickelter innerer Bono in den Vordergrund, und dies nicht unbedingt zu meinem Vorteil. Er riet mir, mich zurückzunehmen und meinen Kollegen etwas Gutes zu tun. Am Ende war es mir dann meist schlichtweg zu blöd, stundenlang zu diskutieren, wer welchen Dienst übernehmen konnte und wollte. Immer erst im Nachhinein merkte ich, wie sehr ich mich wieder einmal selbst in Bedrängnis gebracht hatte.

Diesmal hätte es auch wieder so laufen können. Unser Sekretariat hatte bereits eine Liste der zusätzlich zu übernehmenden Dienste verschickt. Ich hatte sie mir angesehen und festgestellt, dass ich wegen verschiedener privater Verpflichtungen, die von einem Besuch beim Tierarzt mit meinem Hund bis zu einem geplanten Wochenendtrip mit meinen Töchtern nach Stockholm reichten, wirklich keinen einzigen davon übernehmen konnte. Trotzdem spürte ich, wie das alte Zusammenspiel der Kräfte schon wieder zu wirken begann.

Als ich am Tag der Dienstplanbesprechung im Bus zur Arbeit fuhr, hatte ich deshalb zunächst kein gutes Gefühl. Doch dann fielen mir die Fußballgespräche während der Grillparty wieder ein. Wenn ich meine Situation nüchtern analysierte, wenn ich taktisch dachte wie ein guter Fußballtrainer, würde ich zu dem Schluss kommen, dass Bono und Valeria, die auch immer mit dabei war, höchstwahrscheinlich die falschen Spieler für dieses Match wären.

Denn Bono würde sich nur wieder auf die Probleme der anderen Ärzte konzentrieren, sich einfühlen und ihre Gründe, warum sie keinesfalls Dienste übernehmen konnten, allzu ernst nehmen. Geduldig würde er sich ihre Geschichten über kranke Kinder, Kindergeburtstage, verständnislose Ehepartner, unversorgte Hunde und unverschiebbare Arzttermine anhören und mit den vermeintlich Gebeutelten mitleiden. Natürlich waren das wunderbare Eigenschaften von Bono, aber sie würden mich in dieser Situation nicht weiterbringen. Valeria, die in diesem Fall ausnahmsweise nur assistierte, würde einmal mehr bereit sein, sich, beziehungsweise mich, ins totale Terminchaos zu stürzen.

Durch wen sollte mein innerer Trainer die beiden ersetzen?

Während der Bus den Weg hinauf zur Baumgartner Höhe nahm, stellte ich mir vor, wie am Rande meines inneren Spielfelds Christopher und Sophie aufwärmten, wie sie im

Mannschaftsdress, mit kurzer Hose, T-Shirt und einer Trainingsjacke dehnten, hüpften und liefen, um für das laufende Spiel jederzeit voll einsatzfähig zu sein.

Bei der Grillparty hatte ich gelernt, dass die Entscheidung des Trainers, wen er einsetzen würde, abhängig von der Spielsituation war. Sie konnte schnell notwendig werden, etwa wenn sich ein Feldspieler verletzt hatte, oder langsam reifen, wenn der Trainer sah, dass ein Spieler unter seinen Möglichkeiten blieb oder seinem direkten Gegenspieler unterlegen war.

Dazu kamen taktische Fragen. Wenn eine Mannschaft in der zweiten Halbzeit zurücklag, hatte sie wenig zu verlieren und der Trainer würde eher einen aggressiven und offensiven Spieler bringen. Führte das Team hingegen, würde er nichts mehr riskieren und eher einen defensiven Spieler aufs Feld schicken.

In meinem Fall stand die Entscheidung in wenigen Minuten an. Es ging um ein Spiel, das ich mit der üblichen Mannschaft bisher immer verloren hatte. Es war also Zeit, die Situation neu zu analysieren.

Für die Besprechung brauchte ich jedenfalls jemanden mit guter Beobachtungsgabe am Feld, jemanden, der unsentimental, vielleicht sogar ironisch und zynisch war und sich, im Gegensatz zu Bono, von den dramatischen Geschichten meiner Kollegen nicht beeindrucken oder gar blenden lassen würde. Jemanden, der diese Geschichten analysierte, zerlegte und ihre Schwächen aufdeckte. Jemanden, der rational und sachlich die Gründe vorbringen würde, die es mir unmöglich machten, die offenen Dienste zu übernehmen, ohne dabei das Gefühl zu haben, sich rechtfertigen oder verteidigen zu müssen. Jemand, der nicht unbedingt sozial angepasst war und dadurch nur in geringem Maße zu Schuldgefühlen und moralischen Bedenken in der Lage war.

Ein klarer Fall für Sophie also.

Sie würde jetzt die perfekte Spielerin sein.

Mein innerer Trainer entschied sich für sie, weil sie kühl, klar und kompromisslos meine Interessen durchsetzen würde. Weil sie sich weder abwimmeln noch einschüchtern lassen würde. Weil sie Härte gegenüber anderen zeigen konnte, wenn es darauf ankam. Weil sie es als Manko sah, lieb, nett und gut zu sein, und weil für sie Friedfertigkeit und Verzichtsbereitschaft negative Eigenschaften waren. Weil sie die Probleme anderer nie zu ihren machte.

Das alles machte sie nicht gerade super sympathisch, aber für die bevorstehende Besprechung war Sympathie kein Kriterium. Sophie war genau die Richtige, um sich ganz gelassen und distanziert mit den anderen an den Verhandlungstisch zu setzen.

Noch im Bus sah ich das Bild der sich am Rande des Spielfeldes aufwärmenden Sophie immer klarer und detaillierter vor mir, und auch das der abgehenden Valeria und des abgehenden Bono. »In 80 Prozent der Fälle sind die ausgewechselten Spieler weder gekränkt noch beleidigt«, hatte Alex gemeint. »Manche denken vielleicht, andere hätten es ebenso verdient, aus dem Spiel genommen zu werden. Doch meistens sehen sie ein, dass der Trainer taktische Gründe hat. Schließlich sehen sie sich als Teil eines Teams und akzeptieren die Meinung des Trainers im Hinblick auf das vordergründige Ziel, zu gewinnen. Deshalb klatschen sich die aus- und die eingewechselten Spieler beim Tausch ab.«

Ich stieg aus dem Bus und ging in Richtung des Pavillons, in dem unsere Besprechungen stattfanden. Im Kopf hatte ich das Bild von Bono und Valeria, die verschwitzt vom Feld trabten und Sophie abklatschten, die aufgewärmt und gelassen auflief, um jetzt ihren Teil zum Erfolg aller beizutragen.

Es fiel mir nicht allzu schwer, mit meiner inneren Sophie in Kontakt zu treten und sie loszuschicken. Ich musste mich nur auf sie konzentrieren, ihre Stärken aufrufen, und sie visualisieren, wie ich es im Bus und gerade eben getan hatte. Denn in meinen zehn Jahren als Neurochirurgin hatte meine innere Sophie ausreichend Gelegenheit gehabt, ihre Stärken einzusetzen. Ohne sie hätte ich in diesem Umfeld gar nicht überleben können, denn dort herrschte jeden Tag enormer Druck.

An einer Ambulanz für Neurochirurgie geht es um sehr kranke Patienten und darum, in gefährlichen Situationen schnell und kühl zu handeln. Während Operationen müssen Neurochirurgen heikle Entscheidungen treffen und sich dabei nicht auf die Meinung irgendwelcher Vorgesetzter verlassen, sondern auf ihre eigenen Kompetenzen und Beobachtungen bauen. Viele Ärzte verlassen die Neurochirurgie angesichts dieses Drucks bald wieder, und jene, die bleiben, haben fast zwangsläufig eine gut entwickelte innere Sophie, besonders die Frauen dort, die sich auch noch gegen eine männliche Übermacht und den gerade unter Ärzten noch immer verbreiteten Chauvinismus behaupten müssen.

Meine innere Sophie hatte also wie eine Fußballerin zehn Jahre lang in der Profiliga trainiert. Ich hatte sie zwar seit meinem Wechsel in die Psychiatrie kaum noch eingesetzt, weshalb sie bestimmt nicht in Topform war, aber sie würde gut mithalten können. Sie musste auch gar nicht in Topform sein, denn ich konnte auf einen Aspekt setzen, den Alex bei der Grillparty im Verlauf unseres Gesprächs beschrieben hatte. »Wenn eine Mannschaft überraschend einen Spieler bringt, mit dem keiner gerechnet hat, zum Beispiel, weil er eine Weile verletzt war, kann das die gegnerische Mannschaft nervös machen und zu Fehlern verleiten«, hatte er mir erklärt.

»Also gut«, sagte der Kollege, der als Urlaubsvertretung die Leitung unserer Abteilung übernommen hatte. »Wer kann was übernehmen?«

Als sein Blick durch die Runde wanderte und mich streifte, wirkte er einen Augenblick lang irritiert, als hätte ich mir ein Nasenpiercing zugelegt. Vielleicht spürte er instinktiv, dass eine unerwartete Spielerin am Feld stand. Kühl lächelte ich ihn an.

Es dauerte nicht lange, bis die Diskussion über die offenen Dienste an mir vorbeiwogte. Auch die anderen schienen zu spüren, dass bei mir heute nichts zu machen war. Meine innere Sophie ließ sie alle abprallen.

Danke Sophie, dachte ich, als ich das Besprechungszimmer mit einem wunderbaren Gefühl von Erfolg und Freude über meine bewahrte Freiheit verließ.

KOMPLEXE REZEPTE
FÜR KOMPLEXE MENSCHEN

Bei vielen Gelegenheiten wurde mir jetzt bewusst, welches Potenzial für positive Veränderungen unseres Lebens im Wissen über die vier Teile unserer Seele lag. So zum Beispiel, als ich jüngst früh am Morgen nach einem Nachtdienst nach Hause aufbrach. Während ich mit meinem Rucksack zum Aufzug ging, traf ich noch eine stets gut gelaunte und fast übertrieben motivierte Kollegin. »Du musst wirklich einmal entspannen heute«, flötete sie mir zu, weil ich vermutlich etwas blass um die Nase war. »Mach dir einen schönen Tag. Gönn dir etwas nach dem langen Dienst.«

»Dummerweise steht bei mir ausgerechnet heute einiges an«, antwortete ich. »Wahrscheinlich würde es mich eher stressen, auf dem Sofa zu liegen, während all die Dinge unerledigt bleiben.«

Die Kollegin behandelte meine Antwort, als hätte ich nichts weiter als »Oh ja, danke, mache ich...« geantwortet. »Du musst achtsam sein«, flötete sie noch. »Achtsamkeit ist wichtig. Genieße den Tag! Mach etwas Schönes! Geh spazieren!«

Vermutlich hatte sie mindestens eines der dutzenden Achtsamkeitsbücher gelesen, die in den vergangenen Jahren erschienen waren, und den Inhalt irgendwie falsch interpretiert. Wäre sie tatsächlich achtsam gewesen und hätte sie nachgefragt, dann hätte sie erfahren, dass sich meine Babysitterin aus meiner Wohnung ausgesperrt hatte und in einem Café auf mich wartete. Dass mein Konto schon wieder gesperrt war und ich meinen freien Tag nutzen musste, um mit meiner Bank über meinen Überziehungsrahmen zu verhandeln, und dass ich es irgendwie schaffen musste, dass eine Rückzahlung meines Energielieferanten nicht am Konto meines Ex-Mannes sondern auf meinem landete.

Was für eine dumme Kuh diese Kollegin doch eigentlich war, dachte ich später, als ich daheim die Milch für meinen Cappuccino aufschäumte.

Die Achtsamkeitsbücher, die sie wahrscheinlich inspiriert hatten, waren mir allerdings auch nicht fremd. Denn mein Shoppingverhalten und das ganze Chaos in meinem Leben hatte mir auch schon vor Shirds Hinweisen auf meinen Christopher zu denken gegeben. Ich hatte auch schon davor vermutet, dass da etwas nicht ganz optimal lief, und war bei meiner ebenso beharrlichen wie planlosen Suche nicht nur bei Ordnungs- sondern auch bei Achtsamkeitsbüchern gelandet.

Allerdings hatten sie mir nicht geholfen, sondern nur den Druck auf mich erhöht. Sei verdammt nochmal endlich achtsam, hatten sie gesagt, aber wie, verdammt nochmal, sollte ich das schaffen, wenn alles so verdammt unentspannt war?

Inzwischen machten mich die To-do-Listen, die mit dem Wort »achtsam« daherkamen, richtig aggressiv: Iss achtsam und kaue langsam und achtsam, arbeite achtsam und achte gleichzeitig auf deinen Körper, putze achtsam, sitz achtsam im Bus und nimm deine Umgebung wahr, führe in deinem

Leben Achtsamkeitsrituale ein, stehe achtsam, gehe achtsam, verbessere deine Körperwahrnehmung, bremse zehn Minuten pro Tag deine Geschwindigkeit, aktiviere beim Frühstück deine Freude, erledige unangenehme Aufgaben immer gleich und ja, natürlich, atme bei alldem auch noch achtsam.

Am Ende hatte ich immer das Gefühl gehabt, selbst schuld an allem zu sein, weil ich es einfach nicht schaffte, auch nur einen dieser Tipps zu beherzigen.

Ich trank einen Schluck. Ohne den Cappuccino – und danach noch einen zweiten – würde ich an diesem Tag nicht in die Gänge kommen, da war ich sicher. Zumal mein innerer Trainer neben dem Spielfeld gerade einen meiner inneren Spieler aufwärmen ließ, der noch schlechter in Form war als meine innere Sophie. Dieser für mich besonders schwierige Tag war ein klarer Fall für Christopher, der in meiner Seele eindeutig ein Schattendasein als ungeliebte, ja irgendwie geradezu gemobbte Randexistenz fristete.

Doch heute konnte ich nicht am Sofa versumpfen, wie Valeria das gewollt hätte. Heute musste mein innerer Christopher alles geben. Wenn er einigermaßen gut drauf war, würde er nicht ruhen, bis mit der Bank alles geklärt war, bis ich mit meinem Energielieferanten Wien Energie über die Rückzahlung gesprochen und bis ich einen Ersatzschlüssel bestellt und an geeigneter Stelle hinterlegt hatte, damit ein Missgeschick wie das mit meiner Babysitterin nicht mehr vorkommen konnte.

Bei meinem zweiten Cappuccino dachte ich darüber nach, dass es allgemeingültige Tipps wie die der Achtsamkeits- und Glücksliteratur eigentlich nicht geben konnte. Es gab für ein glückliches oder zumindest zufriedenes Leben keine Patentrezepte, genauso wenig wie es bei einem Fußballtrainer das eine Patentrezept für einen Sieg gab.

Es hing immer alles von bestimmten Nuancen der jeweiligen Situation ab. Beim Fußballtrainer vom Gegner und dessen Aufstellung, bis hin zu den Ersatzspielern und vom aktuellen Spielstand. Bei uns im täglichen Leben hing alles vor allem von der jeweiligen Aufgabe, die wir zu meistern hatten, ab. Achtsam zu sein zum Beispiel, das war eindeutig eine von Bonos Stärken, doch an einem Tag wie diesem auf Bono zu setzen, wie es meine scheinempathische Kollegin empfohlen hatte, wäre ganz falsch gewesen. Mit ihm am Feld würde ich meine Aufgaben ganz bestimmt nicht meistern und am Ende wäre ich dann noch unglücklicher, unzufriedener und gestresster als jetzt.

Spazieren zu gehen und unterwegs an einer schönen Blume zu riechen wäre ein Plan meiner inneren Valeria für diesen Tag gewesen, doch auch bei ihrer Führung wäre ich weder glücklich noch zufrieden geworden, das wusste ich nach langer Erfahrung nur allzu gut.

Meine innere Valeria hatte mich an Sommertagen wie diesem schon oft genug dazu verleitet, in der Hollywoodschaukel im Garten einer meiner Freunde zu chillen, mit einem Tretboot zu fahren, oder ganze Nachmittage lang mit einem aufblasbaren Einhorn in der alten Donau zu plantschen und zwischendurch Eis zu essen. Wenn sie heute die Entscheidungen getroffen hätte, wie immer nach dem von ihr geliebten Lebensmotto »Hinter mir die Sintflut!«, hätten Christophers Ambitionen gerade noch dazu gereicht, die Briefe der Bank und meines Energielieferanten irgendwo ordentlich zu stapeln, ehe ich meine Badetasche gepackt hätte und losgezogen wäre. Dabei wäre auf diese Art »den Tag genießen« oder »etwas Gutes für mich tun« eben das Allerblödeste gewesen, das mir heute einfallen hätte können. Wir Menschen waren alle komplexe Wesen, und komplexe Wesen brauchten komplexe Lösungen für ihre Herausforderungen.

»Was hältst du eigentlich von der Achtsamkeits-, Glücks- und Positiv-Denken-Literatur, die derzeit die Buchhandlungen überschwemmt?«, fragte ich Shird, als wir uns das nächste Mal im Krankenhaus trafen. »Von all den Ratgebern, von denen viele so wohldurchdachte Konzepte für ein besseres Leben liefern, samt den dazugehörigen To-do-Listen?«

»Es gibt Bücher, die mir eine neue und für mich wesentliche Sichtweise ermöglicht haben, ähnlich wie dies auch in einer Psychotherapie möglich ist, durch die ich mich weiterentwickelt habe, etwas dazugewonnen habe, das vorher in dieser Form noch nicht da war«, sagte Shird, von dem ich wusste, dass er Ausbildungen für nicht nur eine Psychotherapierichtung gemacht hatte, sondern für mehrere. »Das waren aber Glücksfälle der eher seltenen Art. Die gängige Glücksliteratur zu lesen und ihre To-do-Listen zu befolgen führt eher selten zum Ziel.«

Auch Shird meinte, dass die darin oft so eindringlich und plausibel präsentierten Konzepte einfach zu trivial seien.

»Wenn du eines der derzeit modernen Ordnungsbücher lesen würdest, hättest du wahrscheinlich ständig Aha-Erlebnisse, und trotzdem könntest du dein Leben damit nicht ändern, ohne zuvor deinen inneren Christopher zu aktivieren«, sagte er. »Du würdest bei dem Versuch, ihre Rezepte in dein Leben zu integrieren, ständig scheitern, nicht genau wissen, woran das liegt und die Schuld am ehesten bei dir selbst suchen. Oder, anders ausgedrückt: Ratgeber, zum Beispiel über Ordnung, helfen dir, wenn du so weit bist, Ordnung in dein Leben bringen zu können. So weit bist du aber erst dann, wenn du dich mit deinem inneren Christopher angefreundet hast.«

Shird wusste weder, dass ich bereits einen ganzen Stapel dieser Bücher gelesen hatte, noch, wie recht er mit ihrer Wirkung auf mich hatte. Er bestätigte meine Einschätzung, dass selbst das alltäglichste menschliche Leben viel zu komplex für Patentrezepte war. Er bestätigte mich auch darin, dass, wenn es überhaupt Rezepte für ein glücklicheres, erfüllteres und zufriedeneres Leben gab, sie auf den vier Teilen unserer Seele aufbauen mussten, weil sie sonst immer ebenso zu kurz greifen würden wie Ordnungsratgeber bisher bei mir.

Bei angestrebten Veränderungen im Leben ging es also zunächst wohl darum, unser Bewusstsein für die Existenz, die Typologie und die Ausprägung unserer inneren Persönlichkeiten Christopher, Valeria, Sophie und Bono zu stärken. Wir, Shird und ich, überlegten uns dazu …

... EIN KLEINES SPIEL

Die Augenheilkunde kennt den blinden Fleck. Sie meint damit jenen Bereich des Gesichtsfeldes, auf den sich die Austrittsstelle des Sehnervs im Außenraum projiziert. An dieser Austrittsstelle befinden sich keine Lichtrezeptoren der Netzhaut, was objektiv einen entsprechenden Gesichtsfeldausfall bewirkt. Doch Empfindungen der umgebenden Netzhautregionen und der korrespondierenden Regionen der Netzhaut des anderen Auges sowie Erinnerungsbilder ergänzen das Bild. Deshalb nehmen wir diesen blinden Fleck subjektiv nicht wahr.

In der Psychologie gibt es auch einen blinden Fleck. Er steht für Teile unseres Ichs, die sich unserer Beobachtung entziehen, und die wir auch automatisch ergänzen, ohne dabei aber ein objektiv richtiges Bild von uns zu bekommen. Wir alle haben solche blinden Flecken, weshalb es uns oft leichter fällt, die Seelenlandschaft anderer Menschen zu überblicken als unsere eigene.

Shird und ich haben deshalb einige Figuren entwickelt, die es uns sozusagen ermöglichen, durch Fremd-, nicht durch Selbstbeobachtung ein Gefühl dafür zu bekommen, was zu viel oder zu wenig Christopher, Sophie, Valeria oder Bono in uns bewirken, welche Verhaltensweisen dann gezeigt werden, was dann unsere Stärken und Schwächen sind und wie es uns dann im Umgang mit anderen Menschen geht.

Daraus wurde ein kleines Spiel, bei dem wir zunächst die Figuren vorstellen. Wer daran teilnimmt, kann überlegen,

welche der vier Teile unserer Seele die jeweilige Figur prägt.
Nach der Beschreibung der Figuren folgt jeweils die Auflösung dieser Frage.

Figur 1

Als sie Klaus mit einem Frühstück überraschen wollte, war
er ausgerastet, womit die schlimmste Zeit ihres Lebens begonnen hatte. Sie liebte ihn und er war das Wichtigste für sie
auf der Welt. Am liebsten wäre sie ständig an seiner Seite gewesen. Umso weniger verstand sie, womit sie ihn dermaßen
aufgebracht hatte. Schließlich wollte sie ihm nur eine Freude
machen. Es war für sie keine Kleinigkeit gewesen, so früh
aufzustehen und ihm ein liebevoll zubereitetes Frühstück in
den Stadtpark zu bringen, wo er immer am Samstag im Morgengrauen war, wenn er in der Nacht davor aufgelegt hatte.

Klaus war DJ, und wenn der Club schloss, der ihn gerade gebucht hatte, fuhr er in den Stadtpark, um sich in den
schrägen Wiesen, welche entlang des Wienflusses verliefen,
zu entspannen. Dort konnte er den mit dröhnenden Bäs-
sen und hektisch blinkenden Lichtern gefüllten Cluball-
tag hinter sich lassen. Zu dieser Zeit las er gerne klassische
Philosophiebücher, besonders die Franzosen hatten es ihm
angetan. Er arbeitete nur für die besten Clubs und wurde
daher des Öfteren von diversen Radios um Interviews ge-
beten, Interviews, die aufgrund seines Hobbys nicht selten
ins Philosophische kippten.

Im Vergleich zu ihm kam sie sich wie eine Versagerin vor. Sie hatte zunächst einige Semester Ernährungswissenschaften studiert und dann auf Anraten ihrer Eltern zu Wirtschaft gewechselt, was sie aber zu wenig interessiert hatte. Jetzt arbeitete sie in einem französischen Weingeschäft, doch bloß Verkäuferin zu sein nagte an ihrem Selbstwertgefühl.

Dabei mochte sie ihren Job durchaus. Der Laden gehörte einem verträumten Franzosen, der wegen der Liebe in Wien geblieben war und dennoch Sehnsucht nach dem Burgund hatte, wo er aufgewachsen war. Er hatte viele Jahre lang in Restaurants als Sommelier gearbeitet, ehe er sich selbstständig gemacht hatte. Nun fehlte ihm auch der Restaurantbetrieb ein bisschen.

Sie war froh, in dem Laden arbeiten zu dürfen, weil sie von ihrem Chef viel lernen konnte und das Gefühl hatte, etwas Sinnvolles zu tun. Denn Weinkultur weitergeben und kleine Weingüter fördern zu können, das war ihr wichtiger, als viel zu verdienen.

Klaus hatte sie auch in dem Weinladen kennengelernt, als er für eine Einladung einen guten Burgunder suchte. Sie war überzeugt gewesen, dass sie für ihn vollkommen uninteressant war, und dass er den Burgunder für ein romantisches Dinner mit einer wunderschönen und supererfolgreichen Frau brauchte. Sie hatte es kaum glauben wollen, als er sie gleich bei dieser ersten Begegnung nach einem Date fragte, und als sie ein Paar geworden waren, war sie eine Weile die glücklichste Frau der Welt gewesen. Er war so ein spannender Mensch, fand sie, er faszinierte sie mit seiner

Ignoranz gegenüber allen Regeln und Konformitäten, und mit seinen lustigen Sprüchen und frechen Ansagen brachte er sie ständig zum Lachen.

Allmählich waren jedoch auch ihrer beider Schattenseiten innerhalb der Beziehung sichtbar geworden. Zum Beispiel, dass sie oft ausgelaugt war und sich dann schwertat, die perfekte bessere Hälfte zu sein.

Oft war ihr Chef der Grund ihrer Erschöpfung. Er war ein Chaot und weil es so ein gutes Gefühl für sie war, gebraucht zu werden, konnte sie ihm nichts abschlagen. Deshalb bediente sie nicht nur Kunden, was eigentlich ihre einzige Aufgabe war, sie übernahm auch viel Organisatorisches und war bald dankbar für die paar Semester Wirtschaft, die sie durchgehalten hatte. Oft war sie tagelang alleine im Geschäft, wenn er auf Weinmessen in Frankreich war.

»Du kannst einfach nicht ‚nein‘ sagen«, warf ihr Klaus vor, wenn sie deshalb jammerte, und damit hatte er wohl recht. Er selbst war in dem Punkt ganz anders. Jammern war nicht sein Stil. Wenn ihm etwas nicht passte, sagte er es geradeheraus.

Sie wiederum warf ihm vor, dass er zu wenig Zeit für sie hatte, und damit hatte sie ebenfalls recht. Ihre Beziehung kam ihr bald vor wie eine Reise im Schnellzug durchs Gebirge: lange dunkle Tunnel, zwischen denen immer nur kurz das Tageslicht aufblitzte. Es schmerzte sie beinahe körperlich, wenn er ihre Nachrichten nicht prompt beantwortete, nicht abhob, wenn sie anrief und ständig die Musik und die Bücher ihr vorzog.

Er tauchte auf, dann war es meistens wunderschön, doch dann verschwand er wieder für ein paar Tage, mit denen sie wenig anzufangen wusste. Sie saß dann allein daheim, hörte traurige Lieder und grübelte, was sie falsch machte und wie sie sich interessanter für ihn machen könnte.

Wochenendausflüge zu zweit fand er spießig, gemeinsame Abendessen absolvierte er oft genug wie Pflichtübungen und als sie ihm einmal vorschlug, zusammenzuziehen, hätte er beinahe eine Panikattacke bekommen. Er brauchte sie nicht, kam auch gut ohne ihre Nähe aus und musste sie nicht jeden Tag sehen, so viel war ihr klar. Weniger klar war ihr, was das bedeutete. Liebte er sie überhaupt?

In den vergangenen Monaten hatten sie sich mehr auseinandergelebt als je zuvor. Er entfernte sich von ihr, und je mehr sie versuchte, ihm wieder nahezukommen, umso mehr wies er sie ab. Wie er sie heute Morgen im Park abgefertigt hatte, als sie ihn mit einer Thermoskanne Milchkaffee und selbstgemachtem Kuchen überraschte, konnte sie nun endgültig nicht mehr beschönigen oder verharmlosen.

»Du stalkst mich ja richtig«, hatte er sie angeherrscht. »Ich bin müde und möchte nur in Ruhe mein Buch lesen. Die ganze Nacht war ich unter Spannung, der Manager wollte, dass ich zwei Stunden länger bleibe, irgendein besoffener Millionärssohn hat sein Bier über die Hälfte meiner Schallplatten verschüttet und dann fingen auch noch die Boxen an zu spinnen. Ich liebe Musik, aber selbst ich muss meinen Ohren und meiner Seele etwas Ruhe gönnen, verstehst du?« Dann hatte er ihr noch vorgeworfen, sie würde ihm jeden Freiraum nehmen, ihn einengen und kontrollieren, und schließlich sagte er das denkbar Schlimmste: »Es reicht mir endgültig.«

Mit Tränen in den Augen war sie heimgegangen. Sie hatte keine Ahnung, was ihn so aufgeregt hatte. War es denn nicht ein ganz natürliches Gefühl, mit dem, den mal liebte, jede Sekunde seiner freien Zeit verbringen zu wollen? Alle Momente zu teilen, die guten und die schlechten? Miteinander zu verschmelzen? Sie hatte auch keine Ahnung, wie sie nur einen einzigen Tag ihrer Zukunft ohne ihn überstehen sollte. Sie empfand nichts als Schmerz, Schmerz und Schmerz.

Welcher Teil der Seele dominiert also in dieser Frau?

Auflösung Figur 1

Das zentrale Thema von Figur 1 ist es, zu lieben und geliebt zu werden, (»... er war das Wichtigste für sie auf der Welt ...«). Sie zeigt damit starke Anteile von Bono.

Am liebsten würde sie mit Klaus in einer Symbiose leben und die Grenzen zwischen ihrem und seinem Ich vollkommen auflösen. (»War es denn nicht ein ganz natürliches Gefühl, mit dem, den man liebte, jede Sekunde seiner freien Zeit verbringen zu wollen? Alle Momente zu teilen, die guten und die schlechten? Miteinander zu verschmelzen?«) Gerade ihre intensiven Bemühungen um Klaus führen aber zu Krisen, weil er sich aus ihrer Umklammerung zu befreien versucht.

Typisch für einen dominanten Bono ist eine ausgeprägte Verlustangst. Jede Entfernung von Klaus und jeder nicht gemeinsam verbrachte Tag machen dem inneren Bono Angst. (»Sie hatte auch keine Ahnung, wie sie nur einen einzigen Tag ihrer Zukunft ohne ihn überstehen sollte.«) Sie versucht, solche Situationen tunlichst zu vermeiden, etwa indem sie ihm vorschlägt, zusammenzuziehen. Sein natürliches Bedürfnis nach Distanz interpretiert sie als Mangel an Liebe.

Bei ihrer Überbesorgtheit, die ihren Ausdruck findet, indem sie ihm ungefragt im Morgengrauen ein Frühstück bringt, (»Schließlich wollte sie ihm nur eine Freude machen«), kann es sich bei Menschen mit dominantem Bono-Anteil auch um eine unterdrückte Aggression handeln. Ihn zu umsorgen ist für sie eine gute Möglichkeit, ihn zu kontrollieren. Seine Reaktion darauf mit offener Aggression und Abwehr ist deshalb menschlich nachvollziehbar.

Doch die Aggressionen von Menschen mit starken Bono-Anteilen können sich nicht nur durch Überbesorgtheit, sondern auch durch Jammern und Klagen ausdrücken. Charakteristisch für sie ist es auch, wie sie ihn idealisiert und sich im Vergleich zu ihm selbst abwertet. (»Sie war überzeugt gewesen, dass sie für ihn vollkommen uninteressant war, und dass er den Burgunder für ein romantisches Dinner mit einer wunderschönen und supererfolgreichen Frau brauchte.«)

Figur 2

Sie fing schon früh mit Ballett an, ursprünglich, weil ihre Mutter meinte, das gehöre zur guten Erziehung. Aber es machte ihr Spaß. Schon bald stellte sie fest, dass es ihr leichtfiel, sich die Tanzschritte zu merken und sich mit der Musik zu koordinieren. Die Regelmäßigkeit des Tanzens und die Vorhersehbarkeit der Schritte wirkten beruhigend auf sie. Es gab klare Regeln, festgelegte Bewegungsabfolgen und regelmäßig wiederkehrende Übungen. Sie wusste immer genau, was sie erwarten würde.

Das Ganze erschien ihr logisch und einfach. Je besser sie sich die Schrittfolgen und -kombinationen merkte, je exakter sie dabei war, umso näher war sie der Perfektion, dem Ziel des Balletts. Deshalb machte sie, im Gegensatz zu den meisten anderen Mädchen im Ballett, nicht einfach mit. Sie empfand die Anweisungen der Lehrerin vielmehr als Bereicherungen und als Möglichkeit, sich weiterzuentwickeln und zu verbessern.

Das Ballett und die damit verbundene Konzentration auf die Musik und auf ihren Körper erleichterten es ihr auch, alle möglichen Schwierigkeiten zu vergessen, die sie daheim hatte. Überhaupt passte Ballett wunderbar in das Gesamtkonzept, das sie für sich entwickelt hatte. Sie spielte Klavier, war in der Schule immer die Klassenbeste und bemühte sich stets, ein braves und liebes Mädchen zu sein. Das gab ihr das Gefühl, Kontrolle über jede Situation zu haben.

Mit der Zeit spürte sie auch, dass sie sich in der Ballettwelt dem manchmal belastenden Einfluss ihrer Eltern entziehen konnte. Auch deshalb tat sie alles, um dort zu bestehen. Sie trainierte viele Stunden täglich, lernte, ihren Körper zu kontrollieren, den Schmerz zu beherrschen und ihre Essensrationen klein zu halten. Wenn sie sich einmal beim Essen nicht beherrschen konnte, erbrach sie heimlich. Denn nichts durfte sich ihrer Kontrolle entziehen.

»Es geht immer um Eleganz und Leichtigkeit«, sagte ihre Ballettlehrerin stets. »Das bedeutet, dass dir niemand die Mühe ansehen darf. Zeig den Menschen, was sie sehen wollen, zeig ihnen nur die Gefühle, die auch wirklich zum Ausdruck kommen sollen. Du wirst sehen, dass es dir dein Publikum dabei leicht macht. Denn es sieht nur, was du ihm zeigst.«

Wahre Schönheit entstand durch Perfektion, das wusste sie. Nur eine perfekt gedrehte Pirouette war schön, nur ein perfekter Sprung war angenehm anzusehen. Dagegen war ihr alles, was unsauber, schlampig oder falsch ausgeführt war, ein Gräuel. Es ging so in ihrem Leben vor allem um Disziplin und um Selbstbeherrschung.

Nach dem Konservatorium für Ballett tanzte sie eine Weile in einem Opernensemble. Inzwischen unterrichtete sie in einer Ballettschule. Sie war allerdings nie ganz glücklich mit ihrer Stelle als Lehrerin für klassisches Ballett, denn die fehlende Disziplin der Kinder belastete sie. Schließlich wäre sie selbst niemals so weit gekommen, niemals hätte sie das Konservatorium geschafft oder jahrelang professionell tanzen können, wenn sie so wenig Ambition gezeigt hätte wie es inzwischen bei Kindern anscheinend üblich war.

Es war für sie schon mühsam genug, wenn die Kinder ständig schlecht frisiert zum Unterricht kamen, wenn sie tratschten, während sie sich konzentrieren sollten oder sogar Limonaden oder Eistee aus ihren Plastikflaschen tranken.

Am meisten hasste sie es aber, wenn sie unpünktlich waren. Deshalb schmiss sie Kinder, die wiederholt zu spät kamen, einfach aus ihren Kursen, was sie leicht argumentieren konnte. Schließlich blieb so keine Zeit mehr für das Aufwärmen und Dehnen, was das Verletzungsrisiko erhöhte. In Wirklichkeit bereitete es ihr regelrechten Genuss, Schlamperei und einen Mangel an Disziplin gnadenlos abzustrafen.

Umso mehr ärgerte sie sich, als sie mit dieser Strategie trotz ihrer sachlichen Argumente nicht mehr durchkam. Denn bald beschwerten sich Eltern bei der Leiterin der Tanzschule über sie und sie musste auch die undisziplinierten und undisziplinierbaren Kinder mitmachen lassen. Letztendlich tröstete sie sich damit, dass es diese Kinder im Leben zu nichts bringen würden, und dass ihre Eltern daran schuld sein würden.

Ihr war schon klar, dass sie als Lehrerin besonders streng war, aber sie war es aus Überzeugung. Schließlich war es ihr wichtig, die alten Traditionen des Balletts zu bewahren, und die beruhten nun einmal auf Regeln, die es einzuhalten galt. Eltern, die das nicht akzeptieren konnten, schrieben ihre Kinder besser bei Hip-Hop oder karibischen Tänzen ein, fand sie, im klassischen Ballett waren sie jedenfalls fehl am Platz.

Ihr Leben wurde entspannter, als die Schulleiterin sie vorwiegend im Unterricht für Erwachsene einsetzte, für Fortgeschrittene oder überhaupt in Kursen für Spitzentanz. Ihre Schüler dort waren ihrer Meinung nach zwar auch nicht alle begabt, aber immerhin wollten sie ernsthaft etwas lernen. Sie kamen, um zu arbeiten und nicht bloß, um weißen oder rosaroten Tüll zu tragen und darin niedlich auszusehen, wie diese faulen, kleinen Töchter nachlässiger und ständig telefonierender Mütter.

In ihrer eigenen Familie wären solche Unarten undenkbar gewesen. Sie war das dritte Kind eines Polizisten und einer Volksschullehrerin und ihrer Mutter war es immer wichtig gewesen, dass alle drei Kinder adrett gekleidet und höflich waren.

Nur ihr älterer Bruder tanzte gelegentlich aus der Reihe, was jedes Mal ernste Familienkrisen zur Folge hatte. Wenn er beim Spielen mit anderen Kindern etwas kaputt machte oder mit einer zerbrochenen Brille, einer zerrissenen Hose oder einem Loch im T-Shirt heimkam, bestrafte ihn ihr Vater am Abend. Vor diesen Strafen, die für sie oft wie aus heiterem Himmel auf ihren Bruder hereinbrachen, hatte sie große Angst.

Bei ihrer Mutter zu intervenieren brachte ihr da wenig, denn die schloss sich immer der Meinung ihres Vaters an. Dessen Ansichten waren für sie unumstößlich. Schließlich gab ihre Mutter sogar ihre Stelle als Lehrerin auf, um ihn in Sachen Haushalt und Kinder noch besser entlasten zu können. Doch weder davor noch danach hatten ihre Mutter und sie selbst es je leicht mit ihm. Er kam oft spät vom Dienst heim und war dann meist gereizt.

Richtig gemütlich war es daheim deshalb nie. Weder sie noch ihre Brüder durften beim Spielen Lärm machen, und das Laufen in der Wohnung stand auch unter Strafe. Beim Essen durfte niemand reden und wenn ihr Vater am Wochenende sein Mittagsschläfchen hielt, hatte im Haus Totenstille zu herrschen. Ihr ältester Bruder verstieß auch gegen diese Regeln allzu oft. Sie versuchte dann, von ihm abzulenken, indem sie sich selbst umso artiger benahm.

Liebesbeziehungen hatte sie nur wenige gehabt und keine davon war richtig ernsthaft gewesen. Die Liebe war für sie beunruhigend und irrational. Sie hatte Angst davor, die Kontrolle zu verlieren, wenn sie zu viele Gefühle zuließ. Wenn sie trotzdem einmal emotional aufgewühlt war, zum Beispiel wegen eines Mannes, konnte sie sich gut mit bestimmten Verhaltensweisen und Ritualen, wie dem Zählen von Gegenständen, beruhigen.

Allerdings war sie nun in ernsthafte Schwierigkeiten geraten. In der zeitgenössischen Abteilung der Tanzschule war dieser neue Tanzlehrer aufgetaucht, der sie faszinierte. Er war groß und muskulös und bereits bei ihrer ersten Begegnung kam er ihr vor wie ein Raubtier, das seine Beute umkreiste. Er ließ sie nie aus den Augen und fragte sie ziemlich bald, ob sie am Abend etwas mit ihm trinken gehen wolle.

Sie war dermaßen überrumpelt, dass sie sich nahezu willenlos und irgendwie gelähmt fühlte. Dennoch schaffte sie es, ihn zu vertrösten. Schließlich gab es für sie wohl nichts

Ungünstigeres als emotionale Verstrickungen mit Kollegen. Das widersprach ihrer Ansicht nach jeder ernsthaften Arbeitsethik.

Dennoch fiel es ihr von nun an schwer, ihn zu ignorieren. Seine geschmeidigen, pantherartigen Bewegungen, seine starke körperliche Präsenz und seine Blicke zogen sie weiterhin in seinen Bann. Er kam ihr so anders vor als alle Männer, die sie bisher kennengelernt hatte, so faszinierend anders. Was sollte sie tun? Sie hatte Angst. Sie hatte noch nie so intensiv Ballettschuhe, Haarspangen, Stühle und was ihr sonst gerade unterkam gezählt wie in den vergangenen Tagen. Und trotzdem registrierte sie ständig, wie gut er aussah und wie wunderbar er sich bewegte.

Auflösung Figur 2

Bei Figur 2 ist Christopher dominant. Deshalb mag sie es, wenn Dinge unverändert bleiben, deshalb bewahrt sie gerne Traditionen. (»Schließlich war es ihr wichtig, die alten Traditionen des Balletts zu bewahren ...«) Ebenso wichtig sind ihr klare Strukturen, eindeutige Regeln und wiederkehrende Abläufe. (»Die Regelmäßigkeit des Tanzens und die Vorhersehbarkeit der Schritte wirkten beruhigend auf sie. Es gab klare Regeln, festgelegte Bewegungsabfolgen und regelmäßig wiederkehrende Übungen. Sie wusste immer genau, was sie erwarten würde.«) Dominiert von Christopher will sie immer die Kontrolle bewahren, (»Denn nichts durfte sich ihrer Kontrolle entziehen«), und alle dazu zwingen, so zu sein, wie sie es ihrer Meinung nach sein sollten. (»In ihrer eigenen Familie wären solche Unarten undenkbar gewesen.«)

Ihr Bedürfnis nach Perfektion drängt sie zu ständigen Korrekturen und Verbesserungen, womit sie aber nie zu einem Ende kommt, weil vollkommene Perfektion kaum zu erreichen ist. (»Je besser sie sich die Schrittfolgen und -kombinationen merkte, je exakter sie dabei war, umso näher war sie der Perfektion, dem Ziel des Balletts.«)

Zu Krisen kommt es leicht, wenn ihre starren Prinzipien mit Veränderungen kollidieren, die ihre bisherige Ordnung bedrohen und ihr System infrage stellen. So wie es geschieht, als sie es mit Schülern zu tun bekommt, welche die Regeln nicht so akzeptieren, wie sie selbst diese einst akzeptiert hatte. (»Eltern, die das nicht akzeptieren konnten, schrieben ihre Kinder besser bei Hip-Hop oder karibischen Tänzen ein, fand sie, im klassischen Ballett waren sie jedenfalls fehl am Platz.«)

Ihre Aggression zeigt sich in Form von Übergenauigkeit und Pedanterie. Folglich wirft sie Kinder, die ihr nicht diszipliniert genug erscheinen, einfach aus ihren Kursen. Selbst in der Aggression versteckt sie sich gerne hinter Regeln und Normen, indem sie auf die höhere Verletzungsgefahr Zuspätkommender mangels Aufwärm- und Dehnübungen verweist. Wobei sie es durchaus gerne hat, Autorität und Kontrolle über andere auszuüben. (»In Wirklichkeit bereitete es ihr einen regelrechten Genuss, Schlamperei und einen

Mangel an Disziplin gnadenlos abzustrafen.«) Unter dem Deckmantel der Korrektheit lebt sie so ihre feindseligen Gefühle aus, (»... diese faulen, kleinen Töchter nachlässiger und ständig telefonierender Mütter«).

Wie es bei Menschen mit dominantem Christopher oft der Fall ist, hatte sie strenge Eltern. (»Richtig gemütlich war es daheim nie. Weder sie noch ihre Brüder durften beim Spielen Lärm machen und das Laufen in der Wohnung stand auch unter Strafe.«) Die Strafen, die ihr und ihren Geschwistern drohten, waren nicht angemessen, wodurch ihre Eltern kindliche Spontanität, lebendige Impulse und die Fähigkeit, sich zu etwas hinreißen zu lassen, frühzeitig unterdrückten.

In Bezug auf Sexualität können so bereits in der Kindheit Scham- und Schuldgefühle entstehen, die spätere Intimbeziehungen zu etwas Gequältem und Fantasielosem machen. Figur 2 sieht eine regelrechte Bedrohung darin.

Sie fürchtet, von der Leidenschaft wie von einer Krankheit befallen zu werden, was bei Menschen mit dominantem Christopher ebenfalls häufig ist. Dabei flüchtet sie sich in Ausreden vor sich selbst. (»Schließlich gab es wohl nichts Ungünstigeres als emotionale Verstrickungen mit Kollegen, das widersprach ihrer Ansicht nach jeder ernsthaften Arbeitsethik.«)

In Liebesbeziehungen kennt sie sich, ganz ihrem Typ entsprechend, einfach nicht aus, und das Irrationale ist für sie immer beunruhigend. Auf Gefühle will und kann sie sich nicht verlassen, denn Menschen ihres Typs nehmen Gefühle als schwankend und vergänglich wahr. Noch verdächtiger als das Gefühl der Liebe ist für sie Leidenschaft. Sie ist für sie letztlich ein Zeichen von Schwäche.

Das Zählen von Gegenständen, zu dem sie wie viele Menschen mit dominantem Christopher neigt, ist mit einem Wasch- oder Putzzwang vergleichbar. Sie möchte damit unangenehme oder überfordernde Gedanken oder Ängste unterdrücken oder verdrängen.

Figur 3

(1992) Als er die ehemaligen Supermarkträumlichkeiten sah, wusste er, dass das genau das Richtige für ihn war. Eigentlich hätte er für das Lokal, das er eröffnen wollte, etwas Kleineres gesucht, aber hier fühlte er sich sofort wohl.

Er studierte ursprünglich Elektrotechnik, was ihm aber bald zu langweilig geworden war. Das Nachtleben lag ihm viel mehr. Viele Menschen, Spaß, Musik, das war viel eher seine Welt. Er wurde zunächst Barkeeper. Das Leben musste für ihn vor allem bunt sein, schillernd und abwechslungsreich.

In den Lokalen, in denen er arbeitete, gab es oft auch Live-Konzerte, bei denen er mit den Musikern ins Gespräch kam. Da es ihm leichtfiel, Kontakte zu knüpfen, kannte er bald weite Teile der Musikszene und hatte das Gefühl, im Epizentrum des Nachtlebens zu arbeiten.

Er wollte sich nie endgültig beruflich festlegen. Wenn ihm ein Club oder eine Disco zu langweilig wurde, wenn er alle Cocktails, Gäste, Barkeeper und Künstler schon kannte, suchte er sich etwas Neues und genoss immer wieder gerne den Zauber des Neuanfangs.

Immerhin baute er sich einen Ruf als eine Art Star der Szene auf, der es ihm ermöglichte, sich zum Leidwesen seiner Kollegen über penible Diensteinteilungen und andere ihm lästige Regelwerke hinwegzusetzen. Sein Gehalt reichte zwar für den Lebensstil, den er sich dabei angewöhnte, nicht ganz aus, aber er lebte nur einmal, und da konnte es ja wohl kaum ums Knausern gehen.

Schließlich kam er auf die Idee mit dem eigenen Lokal. Ein Leben als Wirt stellte er sich wie grenzenlose Freiheit vor. Kommen und gehen, wann er wollte. Die Kassa öffnen, wenn er Geld brauchte. Dabei würde er etwas Legendäres schaffen, das im ganzen Land bekannt sein würde. Er würde Partys à la »Der große Gatsby« feiern. Die ganze Stadt würde sie mit ihm feiern, und danach würden alle noch lange darüber reden.

Klar gingen waghalsige Versuche, wie er nun einen plante, in der Branche auch oft schief. Doch er war unbesorgt. Erstens war er vom Fach, zweitens würde sich etwas, das cool war, wohl auch rechnen, und drittens: No risk, no fun! Er sah sich in den leeren Supermarkträumen um und sah schon die Bühne vor sich, auf der die Bands spielen würden.

(2000) Seit drei Jahren war sein Einkommen bereits gepfändet, und noch immer zeigte sich kein Silberstreifen am Horizont. Die Wohnung, die ihm seine Eltern geschenkt hatten, war weg. Er hatte sie beim Konkurs seines Clubs verloren. Das Leben hatte gar nichts Positives mehr für ihn, alles war nur noch Belastung. Dass ausgerechnet ihm so etwas passieren musste, dachte er. Er sah nur mehr Berge an Verpflichtungen, denen er nicht gewachsen war.

Mit fast noch größerem Grauen dachte er zurück an den Stress mit dem Club, mit den viel zu hohen Fixkosten, den viel zu geringen Einnahmen. Mit unzuverlässigem Personal, das sich am liebsten selbst bediente. Mit Polizeieinsätzen wegen Ruhestörung, ganz abgesehen von den gefühlt zehntausenden Amtswegen und bürokratischen Hindernissen. Oft fragte er sich, wie er dermaßen blöd gewesen sein konnte.

Seine Eltern hatten ihm über Bekannte nun wenigstens einen Job in einer Bank organisiert, wo er früher oder später ein akzeptables Gehalt haben würde. Ein großer Vorteil waren einige wirklich nette Kollegen, die ihm immer gerne Hilfe anboten und ihn dabei unterstützten, sein Leben nach und nach in Ordnung zu bekommen. Ein kleiner Vorteil war, dass er sich an guten Tagen immerhin geläutert fühlen konnte. Er hatte gesehen, wohin ihn die ständige Suche nach noch mehr Spaß und Abwechslung brachte. Er hatte gelernt, Struktur im Leben zu schätzen. Es war wohl Zeit, erwachsen zu werden, und der Gedanke fühlte sich für ihn dann insgesamt doch gar nicht so schlecht an.

(2017) Es war Freitagabend und er setzte sich mit einem Bier vor den Fernseher. Weniger Essen und mehr Sport hatte sein Hausarzt empfohlen, als er ihm vergangene Woche ein zweites Medikament gegen seinen Bluthochdruck verschrieben hatte. Morgen würde seine Ex-Frau seine beiden Kinder für den Nachmittag vorbeibringen, da würde wieder keine Zeit für Fitness sein.

Er war recht gut in seinem Job. Mit Zahlen konnte er umgehen, seine Vorgesetzten waren zufrieden mit ihm und seine Kunden mochten ihn. Dennoch hatte er manchmal das Gefühl, dieses Leben würde ihn krank machen. Er war bereits übergewichtig, hatte diesen Bluthochdruck und gelegentlich Herzbeschwerden.

Im Fernsehen lief »Havana Moon«, ein Konzertfilm der Rolling Stones, aufgenommen am 25. März 2016 in Kuba. Er dokumentierte das kostenlose Open-Air-Konzert der Band im Sportkomplex »Ciudad Deportiva de la Habana« mit geschätzten 500.000 Besuchern, das erste Rockkonzert in Kuba vor einem derartig großen Publikum.

Seine Zeit mit der Musik war vorbei, dachte er, da sonst aber nur Serien liefen, die er nicht kannte, entschied er sich für die Rolling Stones. Der Film fing mit Bildern aus Havanna an, von einem alten Cabriolet aus aufgenommen. Straßenszenen, Menschen, die sich unterhielten, lachten, Zigarren rauchten, Baseball spielten. Das alles hinterlegt mit Musik der Rolling Stones.

Die Bilder hatten etwas an sich, das Großes versprach, weshalb er gebannt weiter auf dem Sender blieb. Er sah Menschen jubeln, lachen, vor Rührung weinen, singen und tanzen. Als nach einer Viertelstunde Mick Jagger zu »Out of Control« über die Bühne raste, passierte etwas mit ihm.

Plötzlich wusste er, dass er so nicht weitermachen konnte, dass er sich selbst verleugnete. Er würde sich nicht länger vormachen können, dass sein Leben zufriedenstellend war. Farblos war es, langweilig, und wertlos. In ihm steckte noch viel mehr.

Er hielt es nicht mehr aus auf dem Sofa. Er drehte die Lautstärke voll auf und lief nervös in seiner Wohnung herum. Er war außer Kontrolle. Out of control. Er würde sich von nun an nicht mehr erzählen, wie erwachsen und zufrieden er war, und dass das Leben nun einmal so hinzunehmen war.

(2018) Die Luftfahrt versteht unter dem Point of no Return jenen Punkt auf der Startbahn eines Flugzeugs, nach dessen Überschreiten der Pilot den Start nicht mehr abbrechen kann, weil ihm der verbliebene Teil der Startbahn nicht mehr reichen würde, um das Flugzeug zu bremsen. Er muss also auf jeden Fall starten und gegebenenfalls gleich anschließend notlanden.

Als er vor mehr als einem Jahr im Fernsehen das Kuba-Konzert der Rolling Stones gesehen hatte, hatte er den Point of no Return erreicht. Ab diesem Zeitpunkt war für ihn klar gewesen, dass es für ihn kein Zurück zum Ausgangspunkt mehr gab, dass sein Leben sich ändern würde.

Doch auf die Euphorie folgten Ängste. Er war schon einmal aufgeregt in eine neue Zukunft gestartet und alles war schrecklich schiefgegangen. Er wandte sich an Berater der verschiedensten Fachrichtungen. Schließlich landete er bei einem Schamanen, der ihm sagte, er sei nun bereit, seinen

Weg zu gehen und er würde das Ziel erkennen, wenn die Zeit dafür reif wäre.

Wenig später lernte er zufällig einen Gastronomen kennen, der in Wien mehrere Restaurants aufgebaut und profitabel verkauft hatte, nun ein Musiklokal eröffnen wollte und noch jemanden mit Ideen und guten Kontakten suchte. Gemeinsam wollten sie etwas Neues starten. Der Schamane scheint sein Geld wert gewesen zu sein, dachte er.

Auflösung Figur 3

(1992) Figur 3 ist ein stark von seiner inneren Valeria geprägter Mensch. Für diesen Persönlichkeitsanteil typisch ist die Freude am Zauber des Neuen (»Wenn ihm ein Club oder eine Disco zu langweilig wurde, suchte er sich etwas Neues und genoss immer wieder gerne diesen Zauber des Neuanfangs.«) und am Abenteuer mitsamt dem dazugehörigen Risiko (»No risk, no fun!«).

Menschen wie er glauben an Veränderung und Fortschritt, allerdings sind sie als charismatische Lichtgestalten besser darin, neue Wege aufzuzeigen, als darin, sie selbst zu begehen. Denn mit den gerade dabei erforderlichen Tugenden wie Disziplin, Durchhaltevermögen und Fleiß glänzen sie eher selten.

Figur 3 lebt in dieser Phase für den Augenblick und will immer jetzt gleich den größtmöglichen Spaß und den größtmöglichen Genuss haben. (»Er lebte nur einmal, und da konnte es ja wohl kaum ums Knausern gehen«.) Pünktlichkeit und Genauigkeit empfindet dieser Typ oft als penibel und rigide. (»Ein Leben als Wirt stellte er sich wie grenzenlose Freiheit vor. Kommen und gehen, wann er wollte. In die Kassa greifen, wenn er Geld brauchte.«) Zu sehr fühlt er sich dadurch in seiner Freiheit eingeschränkt. Er hat einen hohen Geltungsdrang (»Partys à la ‚Der große Gatsby'«).

Er möchte bewundert werden und im Mittelpunkt stehen (»... die ganze Stadt würde sie mit ihm mit feiern«).

(2000) Ausgelöst durch den kompletten Kontrollverlust über sein Leben, durch die existenzielle Bedrohung des Konkurses und den Verlust seiner Wohnung, die für ihn eine gewisse finanzielle Freiheit bedeutet hatte, traute er seiner inneren Valeria nicht mehr. Symbolisch gesprochen hat er sie, ähnlich wie ein verlaustes Stofftier eines Kindes, in den Tiefkühler gelegt. Dies tat er in der Hoffnung, seine Läuse, also seine verrückten Ideen, loszuwerden.

In dieser Phase dominiert sein innerer Bono und mit ihm kommt auch das Gefühl der Aussichtslosigkeit. Er kann sich nicht mehr vorstellen, dass das Leben ihm noch viel Frohes bringen kann. (»Das Leben hatte gar nichts Positives mehr für ihn, alles war nur noch Belastung.«)

Er sieht sich von Anforderungen getrieben, denen er nicht gewachsen ist (»Er sah nur mehr Berge an Verpflichtungen, denen er nicht gewachsen war.«) und fühlt sich als Pechvogel (» ...dass ausgerechnet ihm so etwas passieren musste«).

Wir können hier bereits erkennen, wie sich die Christopher-Anteile in Figur 3, die er nun durch seine finanzielle Situation nach dem Konkurs dringend benötigt, zu stärken beginnen: Menschen mit einem ausgeprägten inneren Christopher sind Gesetzmäßigkeiten und Ordnung wichtig. (»Er begann die Strukturiertheit seines neuen Lebens schätzen zu lernen.«) Sie haben ein hohes Sicherheitsbedürfnis, weshalb ihnen vorausschauende Planung, Pünktlichkeit und Sparsamkeit sehr wichtig sind. (»Mit fast noch größerem Grauen dachte er zurück an den Stress mit dem Club, mit den viel zu hohen Fixkosten, den viel zu geringen Einnahmen. Dem Stress mit unzuverlässigem Personal...«)

Die Stärkung von Christopher wird auch durch das Umfeld von Figur 3 in der Bank begünstigt. (»Ein großer Vorteil waren einige wirklich nette Kollegen, die ihm immer gerne Hilfe anboten und ihn dabei unterstützen, sein Leben nach und nach in Ordnung zu bekommen.«)

(2017) Zunehmend entwickelt er eine gewisse Sicherheit in seinem Leben. Die abnehmenden Schulden führen zu einem zunehmenden Gefühl der Freiheit, wodurch der Christopher-Anteil in ihm immer stärker und letztendlich in seinem Leben dominierend wird.

Dies geht solange gut, bis er zusehends gesundheitliche Probleme bekommt. (»Er war bereits übergewichtig, hatte Bluthochdruck und gelegentlich Herzbeschwerden.«)

Das Konzert der Rolling Stones erweckt den Valeria-Anteil in ihm wieder und entfacht erneut das Feuer für sein

Leben. (»Er würde sich nicht länger vormachen können, dass sein Leben zufriedenstellend war. Farblos war es, langweilig, und wertlos.«)

(2018) Die Begegnung mit dem Schamanen veranlasst ihn, seinen vormals stärksten Seelenteil aus dem symbolischen Tiefkühlschrank zu holen und sich auf etwas Neues vorzubereiten. Sein Valeria-Anteil kann daraufhin langsam auftauen und wieder aktiviert werden.

Zusätzlich hatte er in den vergangenen Jahren auch seinen Christopher-Anteil gestärkt und er lernte, diesen auch zu schätzen. Nun kann er sich auch mit der Möglichkeit anfreunden, mit einem Partner, dem erfolgreichen Gastronomen, ein neues Projekt zu starten und seine Valeria-Anteile erneut, aber besser dosiert, auszuleben.

Figur 4

Er verstand einfach nicht, wie es die Franzosen zu zweit in 140 Zentimeter breiten Betten aushielten. Hätten sie nicht selbst in ebensolchen geschlafen, hätte er vermutet, dass sie absichtlich Touristen damit quälten. Für Sex fand er das Format noch okay, aber danach brauchte er das Gefühl, zumindest in Form einer eigenen Betthälfte so etwas wie ein Territorium zu haben, auf dem ihn niemand behelligte. Wo waren bei 140 Zentimetern seine Rückzugsmöglichkeiten? Schon vor der Reise hatte er sich gefragt, ob er sie überhaupt mitnehmen sollte. Frankreich, ja, da wollte er hin, aber sieben Nächte lang in ständiger, unfreiwilliger körperlicher Verschränkung zu verbringen – war das nicht eine Garantie für Schlaflosigkeit und mindestens ebenso schlimm wie ein Hotelzimmer mit Gelsenplage oder eines neben einer Diskothek mit Bass-Gewummer bis sechs Uhr morgens? Und dann nahm er sie doch mit.

»Es war nicht nur das schmale Bett«, sagte er hinterher zu mir. »Es hat auch andere Gründe, dass es jetzt aus ist. Und nein, keiner dieser Gründe hat mit ihr zu tun. Sie ist perfekt. Sie sieht toll aus, sie ist nett und lustig. Lisa ist in jeder Hinsicht eine außergewöhnliche Frau. Es liegt allein an mir. Ich halte es beim Schlafen und eigentlich auch in den meisten anderen Situationen einfach nicht aus, wenn mir jemand unentwegt so nahe ist.«

Er saß mir in meinem Sprechzimmer gegenüber und erzählte bald von seinen Eltern. Er dachte, dass er ihretwegen so geworden sei. Weil sie ihn ständig abgeschoben und nie Zeit gehabt hatten, ihm zuzuhören. Das war seine Theorie darüber, warum er und Lisa, ausgelöst durch den 140-Zentimeter-Stress, sich getrennt hatten. »Ich glaube, ich spinne irgendwie«, sagte er.

»Glauben Sie?«, antwortete ich. »Wie äußert sich das Spinnen sonst noch?«

Seine Umgebung nervte ihn insgesamt oft. Zum Beispiel brachte er leere Flaschen immer nachts zum Altglascontainer, weil er da seine Ruhe hatte von den vielen Menschen mit Kindern, Hunden oder womöglich sogar beidem, die tagsüber in dem Viertel herumliefen. So kam er auch nicht in die ihm unangenehme Situation, mit jemandem aus dem Haus oder aus der Umgebung, den er kannte, Smalltalk führen zu müssen. »Ich habe echt keine Lust auf so etwas«, sagte er. »Nachts sehe ich keine lachenden Menschen vor den Läden, die rauchen, mich seltsam ansehen und sich vielleicht über mich unterhalten. Es ist dunkel und ich bin ziemlich allein auf der Straße mit meiner Tasche voller leerer Flaschen.«

»Stört es die Leute nicht, wenn Sie zur späten Stunde Flaschen in den Glascontainer werfen? Das verursacht ja einigen Lärm.«

Er zuckte mit den Schultern. »Manchmal spiele ich nachts auch Klavier«, sagte er. »Ich weiß, was Sie meinen. Aber wenn andere Schlafstörungen haben, ist das schließlich nicht mein Problem.«

»Sprechen wir wieder über Beziehungen. Deshalb sind Sie ja da.«

»Was soll ich sagen? Irgendwann ist dann immer der nächste Schritt das Zusammenziehen. Ab da kann ich nicht mehr mit. Eigentlich kann ich schon vorher nicht mehr mit. Wenn zwei Leben einander zunehmend beeinflussen. Wenn zwei Menschen immer öfter in einer der beiden Wohnungen sind, weil einer von ihnen das so will. Dieser eine bin nie ich.«

»Haben Sie Angst vor etwas?«

Manchmal sei es für ihn so, als säße er in einem Spinnennetz fest. Dann müsse er weg. Abtauchen. Ein paar Tage verschwinden. Anrufe unbeantwortet lassen. Nachrichten ignorieren. »Habe ich Angst vor etwas?«, fragte er. »Ich weiß es nicht. Vielleicht ist es wirklich so: Ich spinne einfach irgendwie.«

Einmal stellte ihn Lisa heftig zur Rede. Er hatte ihr drei Tage lang erklärt, abends länger im Büro sein zu müssen. Sie war zum Büro gefahren, am ersten, am zweiten und am dritten Tag. »Was läuft da?«, fragte sie ihn. »Bei wem warst du?«

Er war allein bei sich daheim. Er wollte es nicht einmal zugeben. Es war ihm peinlich. Es war dann aber doch besser, als eine Affäre einzugestehen, die er nicht hatte. Dabei wäre das bei ihr vielleicht sogar besser angekommen. »Du versteckst dich vor mir?«, fragte sie.

»Was haben Sie geantwortet?«

»Dass schon Friedrich Nietzsche und Jean Paul Sartre darüber geschrieben haben, wie schädlich der gemeinsame Alltag für Beziehungen ist und wie sich Beziehungen dadurch abnutzen.«

»Gefehlt hat sie Ihnen nie?«

Doch. Sie hatte ihm gefehlt. Dann war ihm immer eingefallen, dass sie mit ihrer liebenswerten Art rasch Kontakte herstellen konnte, und dass sie eine starke Wirkung auf Männer hatte. Weshalb er es nicht mochte, wenn sie auch noch in engen T-Shirts oder kurzen Röcken herumlief. Er kontrollierte sogar manchmal ihr Handy. Ihre männlichen Kollegen konnte er alle nicht leiden, obwohl er sie nicht einmal kannte.

»Und jetzt? Fehlt Sie Ihnen jetzt?«

Er nickte.

Dabei wirkte er ärgerlich, als wäre es ein gemeiner Trick von ihr, ihm zu fehlen.

»Es ist einfach so«, sagte er. »Ich brauche meine eigene Welt.«

Auflösung Figur 4

Nähe versus Distanz ist ein zentrales Thema für Figur 4, einem Mann mit sehr dominanter innerer Sophie.

Er will andere auf Distanz halten, selbst in Beziehungen. (»Ich halte es beim Schlafen und eigentlich auch in den meisten anderen Situationen einfach nicht aus, wenn mir jemand unentwegt so nahe ist.«) Denn Menschen wie er empfinden es als Bedrohung, wenn ihnen jemand zu nahe kommt. Ihnen ist es wichtig, unabhängig zu sein, auf niemanden angewiesen zu sein. (»Es ist einfach so: Ich brauche meine eigene Welt.«)

Ganz dem Sophie-Muster entsprechend hat Figur 4 Angst, sich dauerhaft zu binden. (»Irgendwann ist dann immer der nächste Schritt das Zusammenziehen. Ab da kann ich nicht mehr mit.«) Deshalb neigt er zu kurzfristigen, schnell wechselnden Beziehungen.

Durch seinen nur sehr lockeren Kontakt zu seinen Mitmenschen fehlt Figur 4 dabei wie vielen Menschen des Sophie-Typs eine Orientierungsmöglichkeit, sich selbst betreffend. (»Sie ist perfekt. Es liegt an mir. Ich glaube, ich spinne irgendwie.«) Dementsprechend tut er sich auch schwer, Beobachtungen und Eindrücke richtig einzuordnen. (»Nachts sehe ich keine lachenden Menschen vor den Läden, die rauchen, mich seltsam ansehen und sich vielleicht über mich unterhalten.«)

Diese Unsicherheit kann unterschiedliche Schweregrade annehmen, von schwachem Misstrauen und krankhafter Eigenbezüglichkeit (»Hätten sie nicht selbst in ebensolchen geschlafen, hätte er vermutet, dass sie absichtlich Touristen damit quälten.«) bis hin zu nahezu wahnhaften Einbildungen.

Menschen mit vielen Anteilen von Sophie, wie Figur 4, ahnen oft, dass sie sich, verglichen mit anderen, weniger liebenswert verhalten, und dass sie deshalb auch Probleme bekommen können, eine Beziehung am Leben zu erhalten. (»...und dann war ihm immer eingefallen, dass sie mit ihrer liebenswerten Art rasch Kontakte herstellen konnte, und dass sie eine starke Wirkung auf Männer hatte.«)

Die unterdrückte Liebesfähigkeit von Menschen wie ihnen kann auch als extreme Eifersucht bis hin zum Eifersuchtswahn zum Ausdruck kommen. (»Ihre männlichen Kollegen konnte er alle nicht leiden, obwohl er sie nicht einmal kannte.«)

Bei der Ursachenforschung für sein Verhalten kann er durchaus richtig liegen. Starke Sophie-Anteile können sich entwickeln, wenn besonders sensible Kinder in einer Umgebung aufwachsen, in der sie sich nicht geborgen, beschützt und gut aufgehoben fühlen. (»Er saß mir in meinem Sprechzimmer gegenüber und erzählte von seinen Eltern. Er dachte, dass er ihretwegen so geworden sei. Weil sie ihn ständig abgeschoben und nie Zeit gehabt hatten, ihm zuzuhören.«)

DIE SIEBEN »CHANGES«

8.02 Uhr, Beginn der Morgenbesprechung. Es war ein denkbar ungünstiger Zeitpunkt, noch rasch eine E-Mail auf meinem Handy zu lesen, ehe der Dienstarzt der vergangenen Nacht über die wichtigsten Ereignisse berichtete.

SUMMER SALE!
Enjoy great discounts on this season's collection!
From 40 to 50 per cent off — now in our online shop!

Sofort tauchte im Belohnungszentrum meines Gehirns jenes rote Paillettenkleid mit Blüten auf, das mir nicht mehr aus dem Kopf ging, seit die Sommerkollektion einer meiner französischen Lieblingsmarken online war.

Auf der Homepage der Firma sah ich mir das Kleid noch einmal von allen Seiten und in der Detailvergrößerung an. Es war wirklich zu schön, über und über mit Pailletten und kleinen Perlen bestickt, knielang, tailliert – ein Sommertraum. Schon bei der schieren Vorstellung, auf den Bestell-Button zu drücken, spürte ich das Dopamin in mein Gehirn strömen.

So wie mein Freund Bono, der Besitzer des Musikladens, auf der Suche nach einem bestimmten Song manchmal in Gedanken seine Alben durchging, öffnete ich jetzt in Gedanken meinen Kleiderschrank und kombinierte dieses Kunstwerk von einem Kleid mit meinen Schuhen, Taschen, Parkas, Lederjacken und Strümpfen. Ein angenehmes, wohlig entspanntes Gefühl breitete sich in mir aus.

Seit fast fünf Monaten wartete ich auf diese E-Mail, die den Sommerschlussverkauf, und damit eine drastische Preissenkung für mein Sehnsuchts-Kleid verkündete.

Es war zu verlockend, es rasch noch vor der Morgenbesprechung zu bestellen. Es wäre schnell erledigt, weil die Firma meine Adresse und Kreditkartendaten längst gespeichert hatte. Doch dann fiel mein Blick auf Shird, der gerade eine Übersicht der Tagespräsenzen von uns Ärzten in unserer Abteilung durchging. Ich erinnerte mich an unsere Gespräche und Diskussionen in der Ambulanz, beim Essen und am Dach des Pavillons. Während einer wichtigen Sitzung meiner Einkaufslust zu erliegen, das war zweifellos eines der alten Muster meines inneren Teams, einem zwischen den Spielern herrschenden Ungleichgewicht entsprungen, gegen das mein innerer Trainer dringend vorgehen musste.

Hatte ich mit Shird nicht inzwischen auch sieben Wege, ein Gleichgewicht zwischen den vier Teilen unserer Seele herzustellen, erarbeitet und vielfach besprochen? Sieben Wege, die wir, angelehnt an David Bowies Song, die sieben »Changes« nannten? Wie gut waren sie, wenn sogar ich, ihre Mit-Erfinderin und noch dazu eine Psychiaterin, an ihrer Anwendung scheiterte, wenn es darauf ankam?

Irgendwie schaffte ich es, mich zu beherrschen. Ich schaltete mein Handy aus und hörte mir an, was der Dienstarzt der vergangenen Nacht zu sagen hatte. Ich war ein bisschen stolz auf mich, hatten die sieben »Changes« doch offenbar wirklich mein Hirn infiltriert. Ich konnte es nicht leugnen, sie hatten mich bereits verändert.

Change 1: Die Inventur der Seele

Seit meiner feuchtfröhlichen Mädelsparty samt großer Modenschau hatte ich einiges dazugelernt. Das Bewusstsein für die vier Teile unserer Seele hatte nicht nur meinen Blick auf mich selbst, sondern auch den auf meine Freunde und meine Kollegen verändert. Ich wusste jetzt, wie jeder dieser vier Teile funktionierte.

Ich hatte auch einen ersten Eindruck davon gewonnen, dass ein dominanter Teil, wie es bei mir Valeria war, ein Leben gehörig durcheinanderbringen konnte und dass wir dank des Trainers die Möglichkeit hatten, die vier Teile situationsabhängig zu unserem Vorteil einzusetzen. Beeindruckt von meinen neuen Erkenntnissen wuchs mein Bedürfnis, sie an meine Freunde und meine Patienten weiterzugeben.

Zunächst musste es nun für alle, die von diesen Erkenntnissen ebenfalls profitieren wollten, wohl um den Überblick über die eigene Persönlichkeit gehen, möglichst ohne blinde Flecken. Bei wem dominierte wie bei mir Valeria? Bei wem standen eher Christopher, Sophie oder Bono im Vordergrund?

Bei den meisten Menschen, die ich länger kannte, hatte ich rasch eine erste Idee davon, welche Persönlichkeit bei ihnen dominierte. Doch es ging auch um die Frage, welche der drei anderen Persönlichkeiten wie stark ausgebildet war, um einen guten Überblick über die Gesamtsituation zu bekommen.

Wie konnten sich Menschen, die keine psychiatrische Ausbildung hatten, in dieser Hinsicht gut selbst einschätzen? Und wie konnte ich mir bei Menschen, die ich eben erst kennengelernt hatte, wie es bei vielen meiner Patienten der Fall war, einen Überblick verschaffen?

»Bevor wir unser inneres Team verändern, müssen wir uns klar darüber werden, was Sache ist«, meinte auch Shird während eines unserer Gespräche am Dach. »Wir brauchen eine Art Inventur unseres Lebens. Wovon habe ich viel? Wovon habe ich wenig? Was fehlt ganz?«

Ich kannte mich mit Inventuren aus. Ich erinnerte mich noch gut an die jährliche Inventur in der Tischlerei meiner Großmutter, bei der ich gerne mitgeholfen hatte. Meine Großmutter stellte dafür jedes Mal den normalen Betrieb ein. Wir zählten alles, was auf Lager war, von den großen Leimholzplatten bis zur letzten Schraube.

Shird nickte, als ich ihm davon erzählte. »Genau das brauchen wir im ersten Schritt auch«, sagte er. »Eine Bestandsaufnahme. Wir müssen wissen, wie viel von welchem Persönlichkeitsanteil da ist. Mit welchen Anteilen ist unser Lager übervoll, und für welche müssten wir eigentlich dringend eine Bestellung aufgeben? Wie viel ist von denen da, die irgendwo dazwischen liegen?

Wichtig bei einer Inventur sind vor allem zwei Punkte.

Punkt 1. Wir müssen uns Zeit nehmen und andere Aufgaben vorübergehend beiseitelassen. Denn eine Inventur lässt sich nicht nebenbei machen, schon gar nicht eine Inventur der Seele. Ein Urlaub oder ein verlängertes Wochenende eignen sich gut dafür, auch wenn es noch so viele Dinge gibt, die wir längst schon zu diesen Gelegenheiten tun wollten. Wir müssen uns bewusst machen, dass es sich lohnt, denn »Change 1« ist die Grundlage für alle anderen »Changes«, und zusammen können sie unser Leben verändern.

Punkt 2. Unsere Bewertung muss realistisch und nüchtern sein. Wir müssen aufmerksam sein, um nicht etwa das zu sehen, was wir sehen wollen, sondern das, was wirklich da ist. Dabei müssen wir besonders auf mögliche blinde Flecken achten. Vielleicht kommen wir aus einer nüchternen Kaufmannsfamilie, in der Bono-Eigenschaften wie Romantik, Poesie und Melancholie echte Makel waren, weshalb wir uns daran gewöhnt haben, sie bei uns zu übersehen.

Als kleine Hilfe bei der Inventur haben Shird und ich einen Selbsttest entwickelt, der Aufschluss über die aktuellen Verhältnisse im eigenen inneren Team geben kann (nächste Seite).

Wie sehr trifft die untenstehende Aussage auf Sie zu?

1	*Veränderungen stehe ich eher skeptisch gegenüber.*
2	*Ich liebe es, Neues auszuprobieren, sei es in der Liebe, beim Sport oder im Beruf.*
3	*Manche Menschen meinen, dass ich distanziert bin, oder dass ich sogar schroff auf sie wirke.*
4	*Ich habe oft das Gefühl, dass ich nicht das Recht habe, glücklich zu sein, oder mir etwas zu wünschen.*
5	*Autonomie ist mir wichtig. In Beziehungen habe ich öfters das Gefühl, dass mein/e Partner/in versucht, mich einzuengen.*
6	*Ich finde, dass es wichtig ist, Strukturen einzuhalten, damit jeder weiß, was zu tun ist.*
7	*Ich wurde in der Liebe zwar schon oft enttäuscht, doch zum Glück verliebe ich mich immer wieder neu.*
8	*Ich verfüge über eine ausgezeichnete Beobachtungsgabe und spreche die Dinge auch so aus, wie ich sie sehe, selbst wenn das den anderen nicht gefällt.*
9	*In Beziehungen wünsche ich mir viel Nähe.*
10	*Liebe und starke Emotionen sind mir häufig unangenehm.*

1 trifft nicht zu	2 trifft kaum zu	3 trifft etwas zu	4 trifft ziem- lich zu	5 trifft sehr zu

Wie sehr trifft die untenstehende Aussage auf Sie zu?

11	*Mir wird immer wieder gesagt, ich wäre naiv, oder dass ich mich von anderen ausnützen lasse.*
12	*Ich finde es nicht leicht, einen Partner zu finden, dem es gelingt, mich auf Dauer zu erfreuen.*
13	*Es bereitet mir großen Stress, wenn Menschen, die mir etwas bedeuten, unzufrieden mit mir sind.*
14	*Ich habe kein wirkliches Interesse daran, genau zu wissen, wie es anderen Menschen geht.*
15	*Mich ärgert es, wenn mich im Beruf oder in einer Beziehung jemand zwingen will, etwas auf eine bestimmte Art zu machen.*
16	*Ich bin sehr friedliebend und gebe im Streit eher nach, auch wenn ich weiß, dass ich eigentlich recht habe.*
17	*Ich werde unruhig, wenn ich nicht genau weiß, wie sich eine Situation entwickeln wird.*
18	*Es ist mir wichtig, möglichst selbstständig meine Entscheidungen treffen zu können.*
19	*Mich nervt es, wenn andere Menschen sich nicht an das halten, was vereinbart ist.*
20	*Ich finde es schlimm, dass es so viele Leute gibt, die sich darüber aufregen, wenn ich ein wenig zu spät komme oder wenn ich etwas vergessen habe.*

1 trifft nicht zu	2 trifft kaum zu	3 trifft etwas zu	4 trifft ziem- lich zu	5 trifft sehr zu

Auswertung

Jede Frage liefert Ihnen einen Punktewert, von einem Punkt für nicht zutreffende Aussagen bis zu fünf Punkten für sehr zutreffende Aussagen. Für die Auswertung zählen Sie die Punkte der neben dem jeweiligen Typ angegebenen Fragen zusammen und tragen die jeweiligen Summen in die nebenstehende Graphik mit Punkten ein. Verbinden Sie dann die Punkte in der Graphik mit Linien. Je nach Ihren Werten zeigt sich eine kleinere oder größere Raute. Je weiter entfernt die Werte vom Mittelpunkt sind, desto ausgeprägter sind die jeweiligen Persönlichkeiten in Ihnen. Je näher sie der Mitte sind, desto schwächer ist die betreffende Persönlichkeit in Ihnen ausgeprägt. Je gleichmäßiger die Form der Raute ist, desto besser ist das Gleichgewicht zwischen Ihren vier inneren Persönlichkeiten. Eine ungleichmäßige Form spricht für das Überwiegen einzelner Anteile.

Bono	*Summe aus den Fragen 4, 9, 11, 13 und 16*
Valeria	*Summe aus den Fragen 2, 7, 12, 15 und 20*
Sophie	*Summe aus den Fragen 3, 5, 8, 14 und 18*
Christopher	*Summe aus den Fragen 1, 6, 10, 17 und 19*

VALERIA
Freiheit, Neubeginn, Spaß…

<table>
<tr><td></td><td></td><td></td><td></td><td>25</td><td></td><td></td><td></td><td></td><td></td></tr>
<tr><td></td><td></td><td></td><td></td><td>20</td><td></td><td></td><td></td><td></td><td></td></tr>
<tr><td></td><td></td><td></td><td></td><td>15</td><td></td><td></td><td></td><td></td><td></td></tr>
<tr><td></td><td></td><td></td><td></td><td>10</td><td></td><td></td><td></td><td></td><td></td></tr>
<tr><td></td><td></td><td></td><td></td><td>5</td><td></td><td></td><td></td><td></td><td></td></tr>
<tr><td>25</td><td>20</td><td>15</td><td>10</td><td>5</td><td>5</td><td>10</td><td>15</td><td>20</td><td>25</td></tr>
<tr><td></td><td></td><td></td><td></td><td>5</td><td></td><td></td><td></td><td></td><td></td></tr>
<tr><td></td><td></td><td></td><td></td><td>10</td><td></td><td></td><td></td><td></td><td></td></tr>
<tr><td></td><td></td><td></td><td></td><td>15</td><td></td><td></td><td></td><td></td><td></td></tr>
<tr><td></td><td></td><td></td><td></td><td>20</td><td></td><td></td><td></td><td></td><td></td></tr>
<tr><td></td><td></td><td></td><td></td><td>25</td><td></td><td></td><td></td><td></td><td></td></tr>
</table>

Melancholie, Wunsch nach Nähe…
BONO

Unabhängigkeit, Distanz…
SOPHIE

Ordnung, Genauigkeit, Planung…
CHRISTOPHER

Change 2: Will ich wirklich etwas ändern?

Inzwischen war es Herbst geworden und mein Urlaub in Südfrankreich war nur noch Erinnerung. Es hatte einige Tage geregnet und abgekühlt. An einem dieser Tage blätterte ich in Bonos Musikladen in »Dust & Grooves«, einem spannenden Bildband über skurrile Plattensammler und war fasziniert davon, wie sie es schafften, ihre enormen Kollektionen nach Genres, Ländern oder alphabetisch nach Interpreten zu archivieren.

Als ich mit meinem Hund Fred von Bonos Laden heimkam, ließ ich mich auf mein Sofa fallen und betrachtete meine Bücherregale, in denen ein ziemliches Durcheinander herrschte. Eigentlich war das lächerlich, dachte ich. Andere schafften es, tausende Schallplatten zu sortieren, was viel schwieriger war, weil sie, anders als Bücher, keine beschrifteten Rücken hatten, und ich bekam es nicht einmal hin, Ordnung in meinem Bücherregal zu halten.

Ich, beziehungsweise mein innerer Trainer, entschied, an diesem ohnehin etwas verkorksten Tag Christopher einzuwechseln, um Ordnung in meine Bücherregale zu bringen. Zunächst legte ich alle Bücher auf den Boden und sortierte sie. Krimis zu Krimis, Ratgeber zu Ratgebern, Kunstbücher zu Kunstbüchern, Ausstellungskataloge zu Ausstellungskatalogen.

Dabei fiel mir der Katalog zur Edvard-Munch-Ausstellung »Liebe, Tod, Einsamkeit« in der Wiener Albertina in die Hände und ich blätterte ein wenig darin. Wie immer beeindruckte es mich, wie kraftvoll dieser Künstler Lebenssituationen und psychische Zustände darzustellen vermochte. Später blätterte ich in Van-Gogh-, Degas- und Monet-Bildbänden, die ich ebenfalls über den Boden verstreut hatte.

»Meinst du, die Persönlichkeit eines Menschen lässt sich mit einem Gemälde vergleichen?«, fragte ich Shird am nächsten Tag. »Ist es eine schlüssige Vorstellung, dass unsere Persönlichkeit aus verschiedenen Grundfarben entsteht, dass sich in den Farbtöpfen quasi Christopher, Sophie, Valeria und Bono befinden? Und dass ein Künstler, in unserem Fall der Trainer, dann daraus quasi ein Bild malt?«

Wir dachten das gemeinsam durch. Maler hatten nicht vier, sondern drei Grundfarben zur Verfügung, Blau, Rot und Gelb, aus denen sie mit Erfahrung, Geschick und Kreativität alle Farben mischen konnten, die sie für ihr Bild brauchten. Es war faszinierend, wie viele unterschiedliche Nuancen sich diesen drei Grundfarben entlocken ließen, und wie sehr sich etwa die Farbstimmung eines Munch- von der eines Van-Gogh-Gemäldes unterschied.

Allerdings hätten weder Munch noch Van Gogh ihre Kunstwerke schaffen können, hätten ihnen statt drei Farben nur zwei zur Verfügung gestanden. So weit waren wir uns auf Anhieb einig. Sie brauchten von jeder etwas. Hatten sie alle Farben in der passenden Qualität zur Verfügung, hatten sie sämtliche Möglichkeiten, ein Bild nach ihren Vorstellungen und mit ihrem persönlichen Stil zu malen.

Uns als Trainern unserer inneren Teams ging es tatsächlich ähnlich, fanden Shird und ich. Wir hatten vier Grundpersönlichkeiten zur Verfügung. Die konnten wir je nach Bedarf so abmischen, wie es die Bewältigung unserer Herausforderungen gerade verlangte. Unsere Persönlichkeit, die dabei als Gesamtbild sichtbar wurde, würde keiner anderen gleichen.

Genauso wenig wie Munch und Van Gogh mit nur zwei Farben ausgekommen wären, kamen wir, wenn wir ein komplettes, ausgeglichenes und zufriedenes Leben führen wollten, mit nur einer, zwei oder drei Grundpersönlichkeiten aus. Wir brauchten von jeder etwas. Standen uns alle Grundpersönlichkeiten ausreichend ausgeprägt und einsatzbereit zur Verfügung, hatten wir alle Möglichkeiten, unser Leben nach unseren Vorstellungen, mit unserem persönlichen Stil zu gestalten.

Solche Überlegungen, ausgelöst durch Inspirationen, die uns das tägliche Leben schenkte, umrahmten Shirds und meine Arbeit an den sieben »Changes«. Wer »Change 1«, die Inventur der Seele, abgeschlossen hatte und nun die Machtverhältnisse innerhalb seiner Seele genau kannte, der musste als Nächstes trotz allem überlegen, ob er wirklich etwas daran ändern wollte. Das war uns klar.

Zum einen ging es dabei um die fatale innere Trägheit des Homo sapiens, die wir gerade als Psychiater immer wieder beobachteten und derentwegen viele Menschen das gewohnte Leben und das dazugehörige Schlamassel den Strapazen und Ungewissheiten eines Neubeginns vorzogen. Allzu oft machen wir es uns in einer Nische der Unzufriedenheit bequem und befürchten, unsere Situation würde sich durch eine Veränderung nur noch weiter verschlechtern. Hier musste sich jeder Mensch zum ersten Mal die Frage stellen: Will ich wirklich aus dieser Nische heraus?

Schließlich klärte die Raute zwar die Machtverhältnisse innerhalb unseres inneren Teams, gab aber keine Auskunft darüber, wie wir uns dabei fühlten. Gut möglich, dass wir uns mit einem eingespielten Ungleichgewicht zwischen unseren inneren Persönlichkeiten durchaus wohlfühlen konnten. Perfektion kann sowieso kein Ziel sein, denn Tatsache ist, dass sich die Raute im Leben eines Menschen nie dauerhaft in ein perfektes Quadrat verwandeln wird. Ein gewisses Ungleichgewicht gehört auch zur Individualität jedes Menschen.

Meinen Steuerberater, der, wie gesagt, ein Mensch mit dominantem Christopher war, schätzte ich zum Beispiel als grundsätzlich glücklich ein. Soweit ich wusste, reiste er in seiner Freizeit gerne mit seiner Frau. Er liebte seinen Sohn, der Karriere in der Finanzbranche machte, und er hatte eindeutig einen Beruf gefunden, der perfekt zu ihm passte, wie seine florierende Kanzlei mit einem Dutzend Mitarbeitern bewies.

Ein Mensch in einer wirtschaftlichen Machtposition konnte ebenfalls glücklich mit einem stark auf Sophie fokussierten inneren Team sein. Seine latenten Schwächen, etwa in Sachen menschlicher Nähe, konnte er unter »Nobody is perfect!« abhaken und sich Mitarbeiter oder Berater suchen, denen er Agenden, bei denen es auf soziale und persönliche Kompetenzen ankam, überließ.

Auch ein Mensch mit einem dominanten Bono konnte glücklich in seiner ein wenig verträumten Welt sein, in der er sein Familienleben und sein Berufsleben rund um seine empathische, hingebungsvolle Natur entworfen und womöglich Menschen gefunden hatte, die um seine Stärken und Schwächen wussten und ihn gleichermaßen förderten und schützten.

Auch ein Mensch mit einer dominanten inneren Valeria konnte in einer geeigneten Umgebung glücklich werden und diese Umgebung mit seinen ständig neuen Ideen und der unkonventionellen Art inspirieren.

Die Frage, die wir uns zu stellen haben, lautet also: Haben wir Grund genug, etwas in unserem Leben zu verändern? Wie fühlt sich unser Leben an?

Shird und ich haben als kleine Inspiration bei der Beantwortung dieser Frage einen Fragebogen entwickelt, der Hinweise gibt, wie sich unsere inneren Persönlichkeiten auf unser Gefühlsleben und unsere Einschätzung alltäglicher Situationen auswirken. Er basiert darauf, dass unsere vier inneren Persönlichkeiten unter anderem auch durch spezifische Ängste charakterisiert sind und durch Situationen, in denen wir uns eher wohl oder eher unwohl fühlen.

Auswertung

Jede Frage liefert Ihnen einen Punktewert, von einem Punkt für sehr positiv bis zu fünf Punkten für sehr negativ. Für die Auswertung zählen Sie die Punkte der neben dem jeweiligen Typ angegebenen Fragen zusammen. Erhält ein Teil Ihrer Seele 13 oder mehr Punkte, dann kann er in Ihrem Leben unagenehme Situationen oder Gefühle auslösen. Werte bis zu 12 Punkten bedeuten, dass kaum bis wenig Leidensdruck beziehungsweise Handlunsgbedarf besteht.

Bono	*Summe aus den Fragen 2, 4 und 9*
Christopher	*Summe aus den Fragen 3, 7 und 10*
Valeria	*Summe aus den Fragen 5, 8 und 12*
Sophie	*Summe aus den Fragen 1, 6 und 11*

Ich selbst konnte die Frage, ob ich Grund genug hatte, mein Leben zu verändern, mit einem klaren »Ja!« beantworten. Im Gegensatz zu meinem Steuerberater und den anderen oben beschriebenen Fällen war ich in gewisser Weise Opfer meiner dominanten inneren Persönlichkeit. Ich litt unter meiner inneren Valeria, weil sie für nicht enden wollendes Chaos in meinem Leben sorgte und mich damit Nerven, Substanz und einen Teil meiner Entscheidungshoheit über mein eigenes Leben kostete.

Letztendlich geht es also um den Leidensdruck. Sind wir in einer Spirale mit den immer wieder gleichen unerfreu-

Wie empfinden Sie folgende Situationen?

1 — Sie haben eine Beziehung, in der Ihnen dauernd gesagt wird, wie lieb Ihr/e Partner/in Sie hat und dass diese/r am liebsten die ganze Zeit mit Ihnen verbringen würde.

2 — Ihr/e Partner/in hat ein sehr erfülltes Berufsleben und viele Hobbys und daher auch andere Interessen außer Ihnen.

3 — Sie gewinnen eine Überraschungsreise, bei der Sie erst am Flughafen erfahren, wohin es geht.

4 — Bei der Arbeit gab es einen Konflikt, bei dem Sie nicht klein beigegeben haben, und nun beschweren sich die Kolleg/innen über Sie und behaupten, dass Sie nicht kollegial sind.

5 — In Ihrer Beziehung ist Ruhe eingekehrt, Sie kennen sich gut, es gibt regelmäßige Rituale für gemeinsame Aktivitäten. Es fehlt zwar das erotische Knistern, dafür gibt es eine partnerschaftliche Vertrautheit.

6 — Sie haben eigentlich etwas Nettes vor, das Sie zur Not verschieben könnten und Ihr/e Chef/in bittet Sie, den Dienst eines aus privaten Gründen verhinderten Kollegen zu übernehmen.

7 — Sie bekommen bei der Arbeit eine Tätigkeit zugewiesen, die völlig neu für Sie ist. Ihr/e Chef/in sagt Ihnen, dass Sie die/der Einzige sind, der/dem diese Tätigkeit zuzutrauen ist.

1 sehr positiv	2 positiv	3 weder noch	4 negativ	5 sehr negativ

Wie empfinden Sie folgende Situationen?

8	*In Ihrer Beziehung gibt es unterschiedliche Wünsche für den Urlaub. Eine/r möchte einen Abenteuerurlaub weit weg von zu Hause machen und die/der andere am liebsten zu Hause bleiben und endlich einmal gar nichts tun. Sie entscheiden sich, das Los entscheiden zu lassen und das Los fällt auf „zu Hause bleiben".*
9	*Sie kämpfen für eine Sache, die Ihnen wichtig ist, dabei werden Sie zu Unrecht angegriffen und werden sich dagegen wehren müssen, um ihr Ziel zu erreichen.*
10	*Sie haben eine Einladung zu einer spontanen Hochzeit von ihrem besten Freund erhalten, bei der Sie Trauzeug/in sein sollen. Gleichzeitig ist aber Ihre Steuererklärung fällig und Sie wissen, dass, wenn Sie sie nicht jetzt machen, mit Problemen (Nachzahlung etc.) zu rechnen ist. Sie beschließen aber dennoch hinzugehen.*
11	*Sie sind zu einer Tagung als Vortragende/r eingeladen. Am Vorabend findet eine Vorbesprechung statt, zu der viele wichtige Leute kommen werden, welche Sie in entspannter Atmosphäre kennenlernen können.*
12	*Sie denken sich, dass es gut wäre, sich für Ihre/n Partner/in Zeit zu nehmen und haben daher beschlossen, sie/ihn mit einem romantischen Candle-Light-Dinner zu überraschen. Der/die Partner/in kommt nach Hause, hat schon gegessen und keinen Hunger mehr. Er/sie setzt sich auf das Sofa und will fernsehen. (Anmerkung: Das Essen schmeckt auch aufgewärmt gut und es gibt was Gutes im Fernsehen)*

1 sehr positiv	2 positiv	3 weder noch	4 negativ	5 sehr negativ

lichen Erlebnissen gefangen und suchen wir einen Ausweg? Kommen wir privat oder beruflich nicht richtig vom Fleck, obwohl wir genau wissen, dass wir das Potenzial dazu hätten? Haben wir zu oft das Gefühl, uns abzustrampeln, abzukämpfen und abzuquälen, ohne schöne Erfolge, welcher Art auch immer? Haben wir manchmal das Gefühl, dass unser Leben viel zu schnell vergeht, ohne dass wir es richtig ausnutzen?

Shird formulierte es so: »Wenn wir den Eindruck haben, in manchen Situationen einfach anzustehen und sie mit unseren eigenen Ressourcen nicht lösen zu können, dann hat es Sinn, an sich zu arbeiten und etwas zu verändern.«

Der Sinn einer Veränderung muss für uns schon deshalb klar erkennbar sein, weil sie sonst nie funktionieren würde. Denn unser Gehirn ist grundsätzlich faul und konservativ. Es wehrt sich gegen Veränderung. Es will, dass immer alles beim Alten bleibt, weil das weniger Energie kostet.

»Mein halbes Leben lang habe ich mit aller Kraft abzunehmen versucht«, erzählte mir jüngst eine befreundete Nachbarin. »Trotzdem habe ich es in all den Jahren nie geschafft, auch nur ein einziges Abendessen auszulassen. Ich hätte sofort schlechte Laune und Blutdruckschwankungen bekommen. Ich dachte, ich sei einfach nicht der Typ dafür.«

»Und was hat sich verändert?«, fragte ich sie, weil mir aufgefallen war, dass sie nun offenbar doch abgenommen hatte.

»Du weißt ja, dass im vergangenen Herbst mein Hautarzt dieses Melanom bei mir diagnostiziert hat«, antwortete sie.

»Danach habe ich onkologische Bücher gelesen, auch einige über Ernährung. Wusstest du, dass eines der wirksamsten Mittel gegen wiederkehrende Tumore Fastentage sind? Unser Körper kann defekte Zellen besser reparieren, wenn wir zwischendurch nichts essen. Fasten senkt also das Krebsrisiko. Deshalb faste ich jetzt an zwei Tagen die Woche.«

»Wie schaffst du das, wenn du bisher nicht einmal ein Abendessen auslassen konntest?«, bohrte ich weiter, weil ich es kaum glauben konnte, dass jemand ein halbes Leben als Genussmensch mit sehr schwacher Triebsteuerung verbringen und dann so diszipliniert sein konnte. Ich erinnerte mich, wie sie mich bewundert hatte, als ich einmal vor Ostern drei Tage lang nur Gemüsesäfte trank. Sie würde lieber sterben, hatte sie damals gemeint, noch ohne zu wissen, wie real diese Wahl einmal für sie werden würde.

»Jetzt hat das Fasten auf einmal einen Sinn«, erzählte sie. »Es ist ganz logisch, dass ich es tue, und es wäre ausgesprochen dumm, wenn ich es nicht täte. Seit ich genau weiß, warum ich faste, denke ich gar nicht mehr darüber nach. Ich hadere nicht ständig damit. Bloß abzunehmen war mir einfach nicht wichtig genug, das ist mir jetzt klar. Jetzt habe ich trotzdem abgenommen, aber nur eher nebenbei.«

»Probleme und Katastrophen können und sollen Auslöser für Veränderungen sein«, meinte Shird, als ich ihm von meiner Nachbarin erzählte. »Sie motivieren zur Suche nach Lösungen. Ein Phänomen, das sich durch die ganze Menschheitsgeschichte zieht. Wäre es den Urmenschen egal gewesen, dass Bären in ihre Höhlen eindrangen und ihre Kinder holten, hätten sie ihre Behausungen vielleicht nie verändert.«

Unsere stärkere Neigung zu Veränderungen durch Krisen und Katastrophen lässt sich auch neurophysiologisch belegen. Solche Phasen aktivieren bei uns viel größere Hirnareale als stabile Phasen, in denen wir unser Leben mit Routinen bewältigen können und alles im grünen Bereich ist. Gerald Hüther, Leiter der Zentralstelle für Neurobiologische Präventionsforschung an der Klinik für Psychiatrie der Universität Göttingen und prominenter experimenteller Hirnforscher hat es einmal so zusammengefasst: »Bewältigbare Herausforderungen führen zu einer Verstärkung der zur Bewältigung eingesetzten Funktionen, Bereiche und Strukturen im Gehirn.«

Zahlreiche Untersuchungen, etwa mit funktioneller Magnetresonanztomographie, belegen das. Bei Menschen, die ihr Leben gerade ohne größere Aufregungen bestreiten, leuchten dabei nur wenige Hirnareale bunt auf. Genau jene nämlich, die notwendig sind, um die mit geringem Energieaufwand verbundenen, immer gleichen Aufgaben zu bewältigen. Das Gehirn benötigt für Routine kaum Aktivität.

Bei Menschen, die gerade in einer Krise stecken, sehen die MRT-Bilder anders aus. Hier leuchtet alles Mögliche bunt, weil einerseits die Gehirnaktivität höher ist und andererseits viel mehr Regionen voll aktiv sind. Was nur logisch ist, schließlich muss unser Gehirn Strategien entwickeln, um mit neuen Belastungen fertigzuwerden. Das Gehirn vernetzt dann etwa Neuronen zusätzlich oder baut Synapsen um.

Möglich wird das alles durch das Stresshormon Cortisol. Wenn wir im Dauerstress sind, weicht dieses Hormon allmählich unser Gehirn, seine Nervenzellen und Verschaltungen auf, ähnlich wie die Meeresbrandung einen Betonsteg unterspülen und durchlöchern kann. Das funktioniert, indem sich das Cortisol an die Nervenzellen bindet und so Veränderungen im Zellkern und an den dort ausgebildeten Genen bewirkt. Das verändert die Funktion und die Leistung der jeweiligen Zelle.

Als Folge davon lösen sich auch alte Denkmuster und Verschaltungen auf und es kommt zu grundlegenden Veränderungen im Denken, Fühlen und Handeln eines Menschen. Nur so kann er Krisen, die seine alten Denkmuster und Verschaltungen überfordert haben, nachhaltig bewältigen. Das Sprichwort »Krise als Chance« kommt genau daher.

Eine wichtige Rolle bei jeder Art von persönlicher Veränderung kann aber auch der »Ich-zeige-es-dir-Wunsch« spielen. Der Wunsch, unseren Weg zu machen – trotz widriger Umstände, trotz der Eltern zum Beispiel, die alles falsch gemacht und uns eine schwere Bürde ins Leben mitgegeben haben, trotz Sachzwängen, die uns scheinbar schicksalhaft im Weg stehen und trotz Menschen, die uns mit allem, das sie sagen und tun, eher niederdrücken und kleinhalten – dieser Wunsch kann ungeahnte Kräfte mobilisieren.

So etwa hat der U2-Sänger Bono in einem Interview einmal erzählt, wie ihn sein Vater kleinzuhalten versuchte. Sein Vater hatte ihn nie ermutigt, Musiker zu werden. »Träume nicht, denn träumen heißt, enttäuscht zu werden«, das war die Botschaft seines Vaters gewesen. »Als er das zum ersten Mal zu mir sagte, muss mein Größenwahn begonnen haben«, erzählte Bono in dem Interview. Ein Größenwahn, der ihm schließlich den Weg ganz nach oben wies.

Die Frage, die es hier unter »Change 2« zu beantworten gilt, ist also wichtiger, als es zunächst ausgesehen hat. Will ich mich wirklich verändern und wenn ja, warum? Ist meine Nische unbequem genug? Ist mein Leidensdruck groß genug? Ist meine Wut groß genug?

Wenn wir viele Gründe nennen können, warum es gut wäre, alles beim Alten zu lassen, wenn wir uns nicht aus eigenem Antrieb, sondern für andere verändern wollen, wenn wir uns verändern wollen, weil es theoretisch wohl gut wäre, dann ist der richtige Zeitpunkt dafür wohl noch nicht gekommen. Doch wenn wir genug haben von unserem bisherigen Leben, wenn wir eine klare Vision von einem besseren und eine Sehnsucht danach haben, dann sollten wir diese Entscheidung auch klar treffen und loslegen.

»Was bereitet dir am meisten Unlust?«, fragte mich Shird.

Wir standen in meiner Küche, wo am Herd eine Früh-herbst-Minestrone à la Jamie Oliver vor sich hin köchelte.

»Darüber muss ich nicht lange nachdenken«, sagte ich. »Warum fragst du?«

»Weil wir auch aus der Antwort auf diese Frage schließen können, welche unserer vier inneren Persönlichkeiten wir stärken sollten. Gleichzeitig zeigt sie uns, was wir zu diesem Zweck tun können.«

»Das wäre?«

»Uns mit genau den Dingen beschäftigen, die uns am meisten Unlust bereiten und eine neue Einstellung ihnen gegenüber entwickeln, indem wir herausfinden, ob und wie wir ihnen nicht vielleicht doch ein wenig Lust abgewinnen können.«

»Ist das nicht so, als würden Eltern ein Kind, das Schach-spielen liebt und Fußball hasst, ständig zum Fußballspielen zwingen?«

»Es ist so, wie wenn jemand beim Morgentraining gerne Push-ups und Kniebeugen macht, aber Sit-ups hasst, und er sich dann trotzdem mit Sit-ups befasst, um eine Variante zu finden, mit der er zumindest leben kann. Damit er neben Arm- und Bein- auch Bauchmuskeln bekommt. Sein Ziel wird nicht der perfekte Bauch sein, aber wenn er auch ihn ein wenig trainieren kann, wird er am Ende insgesamt fitter und zufriedener sein.«

»Hört sich trotzdem anstrengend an.«

»Klar«, sagte Shird. »Wenn eines deiner Beine nach einem Unfall eingegipst war, ist es danach auch zunächst anstrengend, es wieder einzusetzen. Trotzdem macht es Sinn. Wir sollten uns auch keineswegs nur noch mit unseren Schwächen befassen. Im Gegenteil. Das Training unserer schwachen inneren Persönlichkeiten sollte immer wohldosiert sein. So, dass wir es gerade noch bewältigen. Wenn wir uns zu viel vornehmen, besteht die Gefahr, dass wir aufgeben und gar nichts mehr machen. Es geht also gerade am Anfang um kleine Schritte, die immer von der Frage begleitet sein sollten: Wie fühlt sich das an?«

»Klingt vernünftig.«

Shird nickte. »Finde ich auch. Deshalb sollten wir uns, wenn wir das Gleichgewicht innerhalb unseres inneren Teams verbessern wollen, genau damit befassen. Mit den Situationen, die wir nie gemocht haben, und denen wir deshalb mit allen möglichen Strategien aus dem Weg zu gehen gelernt haben. Die wir gerne aufschieben, oder, wenn es irgendwie geht, überhaupt auslassen. Wir sollten sie identifizieren, uns ihnen stellen und sie dabei erforschen.«

Ich kostete die Minestrone. »Du weißt ja, wie es bei mir ist«, sagte ich zu Shird. Ich tue mir mit jeder Art von Ordnung schwer und mit Behördenwegen, Dokumenten, An- und Ummeldungen, mit diesen Dingen.«

Ich erzählte ihm von der Sache mit Wien Energie. »Ein altes Kundenkonto abmelden und ein neues eröffnen, das sind die Dinge, die mir am meisten Unlust bereiten.«

»Aber wenn du sie geschafft hast, fühlst du dich gut.«

»Klar.«

»Wenn du deinen inneren Christopher trainierst, fangen diese Dinge irgendwann vielleicht sogar an, dir ein bisschen Spaß zu machen. Deine Lieblingsbeschäftigung werden sie vielleicht nie sein, aber sie können zu einem normalen Teil deines Lebens werden. Je besser du sie bewältigst, desto selbstsicherer wirst du dabei werden, desto mehr Erfolge wirst du dabei haben und desto eher wirst du sie mit etwas Positivem verbinden. Irgendwann erlebst du sie vielleicht sogar als angenehme Abwechslung zu den Herausforderungen, die du sonst immer zu bewältigen hast.«

»Was meinst du, wie lange es dauert, bis mein inneres Team bei ausgewogenem Training im Gleichklang läuft?«

»Wahrscheinlich ist es so ähnlich wie bei der Minestrone«, sagte Shird. »Manches geht schneller, manches braucht länger. Die Bohnen, Kartoffeln und Karotten brauchen viel länger als die Zucchini und der Mangold. Die Nudeln haben wieder eine andere Kochzeit. Aber wenn du es richtig machst, ist die Suppe irgendwann fertig und alles passt zusammen.«

Ich befasste mich zu diesem Zeitpunkt auch bereits bei meinen Patienten mit dem Zustand ihres inneren Teams. Deshalb stellte ich die Frage, die mir Shird bei unserem Minestrone-Essen gestellt hatte, auch einer Frau, die wegen eines Alkoholproblems bei mir war. »Was bereitet Ihnen am meisten Unlust?«

Sie war eine hochqualifizierte Technikerin in ihren Vierzigern, die allerdings dank ihrer schlanken Gestalt, ihrer schönen aschblonden Haare und ihrer scharf gezeichneten Gesichtszüge deutlich jünger aussah. Auch sie musste über die Antwort nicht lange nachdenken. »Wenn ich im Job zu wenig zu tun habe«, sagte sie.

Was bei ihr oft genug vorkam. Sie stand ständig bei ihrem Chef im Zimmer und fragte ihn, was ihre nächsten Aufgaben seien, und sie hatte mangels besserer Aufgaben sogar schon der Buchhaltung zugearbeitet, indem sie ein neues Ordnungssystem für Handy-, Versicherungs- und Dienstverträge entwickelte. Sie hatte sogar das Kaffeeservice für Besucher im Büro professionalisiert und das entsprechende Geschirr sowie die nötigen Accessoires dafür besorgt. Am liebsten hätte sie auch der Putzfrau die Arbeit abgenommen. Wie sich herausstellte, hatte sie aus dieser Unterforderung heraus begonnen, beim Mittagessen ein oder zwei Gläser Wein zu trinken und dann am Nachmittag noch eines oder zwei.

»Warum surfen Sie nicht einfach spontan ein bisschen im Internet, wenn es gerade etwas ruhiger ist?«, fragte ich sie und überlegte für mich, was ich in solchen Phasen tun würde: Mit Kopfhörern YouTube hören, Buchrezensionen auf Amazon lesen, billige Wochenendflüge und Ferienwohnungen auf Airbnb checken, die aktuelle Kollektion meiner Lieblingsdesigner anschauen und die Facebook-Postings meiner Freunde kommentieren.

Sie sah mich entgeistert und sogar ein bisschen verächtlich an. »Dafür bin ich nicht der Typ«, sagte sie.

Ich hakte nach und fand heraus, dass sie auf einem Bauernhof aufgewachsen war und seit ihrer frühen Kindheit immer nur gearbeitet hatte. Spielzeug gab es keines, und als sie einmal in der örtlichen Bibliothek ein Buch ausleihen wollte, hatte ihr Vater sie verspottet. Jetzt, als Erwachsene, konnte sie sich nur entspannen, wenn sie es sich verdient hatte. Auch deshalb war die Unterforderung in ihrem Beruf so unerträglich für sie. Sie konnte sich praktisch nie entspannen, weil sie es sich eben nie verdienen konnte.

Sie war eindeutig ein Mensch mit einem dominanten inneren Christopher und einer immerhin gut erkennbaren inneren Sophie, während ihr innerer Trainer, offenbar aus alter Familientradition, Valeria und Bono konsequent ausgrenzte. Spontanität, das Spielerische, das Verträumte, das Lustvolle, das waren die Kategorien, mit denen sie gar nicht konnte. Sie verursachten ihr geradezu körperliches Unbehagen. Souverän, vollständig und zufrieden konnte sie sich nur bei der Arbeit fühlen, oder wenn sie nach einem harten Arbeitstag erschöpft auf ihr Sofa sank und noch fünf Minuten las, ehe sie einschlief.

Zunächst erklärte ich ihr die Funktion ihres Ichs, ihres inneren Trainers in ihrem Leben, dann sah ich mir am Handy die Wetterprognose für das kommende Wochenende an. »Am Samstag haben wir Schmuddelwetter«, sagte ich zu ihr. »Haben Sie schon etwas geplant für das Wochenende?«

»Ich werde mich so gut wie möglich ablenken, um erst gar nicht an Alkohol zu denken.« Sie rief ihren Kalender auf. »Von 8 bis 12 Uhr habe ich am Samstag Gartenarbeit eingeplant. Dann dreißig Minuten Mittagspause, für die ich mir

Essen kommen lasse. Am Nachmittag will ich den Inhalt des Schuppens im Rasen auflegen, sichten und alles, das ich nicht brauche, ins Auto laden für die Sperrmülldeponie. Am Abend wollte ich anstehenden Papierkram erledigen.«

»Was ist im Garten zu tun?«, fragte ich.

»Darüber muss ich noch nachdenken.«

»Ich wette, Ihr Garten ist so ordentlich, dass sich Ihre Nachbarn für ihre eigenen Gärten schon schämen.«

Sie schwieg mit ernstem Blick. Das Gespräch war ihr offenbar unangenehm.

»Wann haben Sie Ihren Schuppen zuletzt entrümpelt?«

Sie schwieg zunächst wieder. »Ich weiß, was Sie meinen. Und bitte fragen Sie nicht, wie viel Papierkram bei mir offen ist. Ich halte es nicht aus, wenn ich mich unnütz fühle.« Sie erzählte mir, dass »unnütz« ein Wort war, das ihr Vater oft verwendet hatte.

Sie arbeitete an sich und verstand, dass das mulmige Gefühl, das sie hatte, wenn sie einmal nichts tat, unter anderem auf ihren Vater zurückzuführen war, der sie in ihrer Kindheit dafür verhöhnt hatte, wenn sie einmal nichts tat. Das nahm rasch Druck aus der Situation und erleichterte es ihr, an den Wochenenden auch einmal ohne schlechtes Gewissen zu chillen.

Vor kurzem sah ich sie wieder, wobei sie mir ganz begeistert erzählte, dass sie am letzten Sonntag den ganzen Tag daheim war, und zwar im Pyjama, und nur gelesen und gekocht hatte.

»Ich habe den ganzen Tag nichts getan, und er hat sich trotzdem super angefühlt«, meinte sie, »es kommt mir wie ein Abenteuer vor. Ich kannte mich so gar nicht.«

Allmählich kam immer mehr Bewegung in ihr Leben. So sah sie sich nach einem anderen Job um und überlegte, ein eigenes Unternehmen zu gründen.

»Ich schätze Sie als jemanden ein, der das schafft«, sagte ich in einem unserer letzten Gespräche zu ihr, »aber da sollte es immer auch diese Räume für Ihre anderen Seiten geben. Die werden Sie am Ende noch stärker machen.«

Im Grunde erfordert es also keinen komplizierten Plan, Gleichgewicht innerhalb unseres inneren Teams herzustellen. Wir müssen uns dazu nur unsere vier inneren Persönlichkeiten bewusst machen, verstehen, wie sie funktionieren, agieren und reagieren, eine positive Einstellung zu ihnen finden und schließlich die schwächeren von ihnen trainieren, indem wir einen neuen Zugang zu Dingen finden, die uns bisher immer Unlust bereitet haben.

Es gibt dabei keine To-do-Liste, die am Ende verraten kann: Du hast versagt. Es ist vielmehr ein kontinuierlicher Prozess. Es ist so, wie neue Menschen kennenzulernen und zu ihnen Vertrauen und eine Beziehung aufzubauen. Auch dafür gibt es im Grunde keine funktionierende To-do-Liste. Interesse an dem Anderen, eine gewisse Auseinandersetzung mit ihm, ein wachsendes Bewusstsein dafür, wie er ist – das reicht.

Als Helfer bei diesem Vorhaben steht uns noch unser innerer Trainer zur Verfügung. Doch wie genau tickt er? Wie treten wir mit ihm in Kontakt? Und wie stärken wir ihn, damit wir durch ihn möglichst direkten und effizienten Zugriff auf die vier Spieler unseres inneren Teams haben, etwa wenn es darum geht, das Team für eine bestimmte Herausforderung perfekt aufzustellen?

Change 4: Den Trainer stärken

Wir können unseren inneren Trainer weder durch eine bestimmte Diät heranfüttern, noch durch bestimmte Yoga- oder Qigong-Übungen zum Vorschein bringen. Es gibt auch keine esoterischen Zaubertricks, mit denen wir seine Macht entfalten können. Es funktioniert eher so wie bei unseren inneren Persönlichkeiten Christopher, Valeria, Sophie und Bono: Wir müssen ihn uns bewusst machen. Vor allem müssen wir uns bewusst machen, was seine Funktionen sind. Denn seine Identität ergibt sich aus seinen Funktionen, und je besser wir sie erkennen, desto stärker wird er sein. Die Funktionen unseres inneren Trainers ähneln dabei jenen eines Fußballtrainers.

Funktion 1:
Die Stärken und Schwächen der Spieler kennen

Der Trainer ist dem Team übergeordnet. Er sagt, wer wann und wie zum Einsatz kommt. Das kann er nur, wenn er genau über seine Spieler Bescheid weiß. Er muss, um beim Beispiel Fußball zu bleiben, ihre spezifischen Talente, ihre spielerischen Problemzonen, ihre aktuelle Motivation und Kondition und sogar den Zustand ihrer Muskeln, Gelenke und Sehnen kennen. Er muss wissen, ob ein Spieler das ganze Spiel durchhalten wird, oder ob er ihn vorzeitig auswechseln muss, in welchen Spielsituationen er sich bewährt und in welchen er eher versagt. Im Training muss er dafür sorgen, dass sich die Spieler dementsprechend weiterentwickeln. Er muss mit ihnen an ihren Schwächen arbeiten und gleichzeitig ihre Stärken ausbauen.

Genauso muss der Trainer unseres inneren Teams Christopher, Valeria, Sophie und Bono genau kennen. Er muss wissen, wer stark und dominant ist und wen er noch aufbauen muss. Dementsprechend wird ein guter innerer Trainer nie nur eine oder zwei unserer inneren Persönlichkeiten zum Zug kommen lassen. Er wird vielmehr versuchen, sie in passenden Situationen gezielt einzusetzen, so wie ich meine innere Sophie bei der Verhandlung über die Dienstpläne bewusst eingesetzt habe. Und er wird sie dabei beobachten, um immer zu wissen, wo sie gerade stehen. Wie reagiert die betreffende innere Persönlichkeit in welcher Situation? Wo zeigt sie eher ihre Stärken und wo ihre Schwächen? Wo ist sie erfolgreich, und wo geht sie unter? Worauf reagiert sie und was ignoriert sie?

Funktion 2:
Situationen analysieren und richtig darauf reagieren

»Ich finde es spannend, was du da über Fußballtrainer und ihre Spieler erzählst«, sagte meine ehemalige Kollegin von der Neurochirurgie, nach der ich unsere innere Sophie benannt habe. Wir waren zu einem italienischen Eissalon in die Wiener Stiftgasse gefahren, weil es dort einmaliges Sacher-Eis gab, ganz dunkles Schokoladeneis mit Marillenmarmelade. Es war unsere heißgeliebte Sommeralternative zur Sachertorte und eignete sich hervorragend auch für wärmere Herbsttage wie diesen.

»Die Funktion des Fußballtrainers erinnert mich ein wenig an die eines Chefs in einem Krankenhaus«, fuhr sie fort. »Der hat ja auch viel Verantwortung. Er muss dafür sorgen, dass sein medizinisches Personal gut ausgebildet ist und an den richtigen Positionen zum Einsatz kommt. Zu diesem Zweck muss er seine Mitarbeiter möglichst gut kennen, einen guten Überblick über die Abteilungen haben und mit den Situationen vertraut sein, die der Betrieb eines Krankenhauses mit sich bringen kann. Im Grunde geht es bei Führungskräften in einem Krankenhaus ständig darum, Situationen zu analysieren und richtig darauf zu reagieren. Dafür eignet sich nicht jeder. Ich könnte dir da ganz konkrete Namen von Leuten nennen, die sich gar nicht dafür eignen.«

Ich musste lachen, weil ich Sophie schon lange und gut genug kannte, um zu wissen, dass sie ihre Kritik an Vorgesetzten wie auch an Kollegen immer offen aussprach. Dabei waren ihre Einschätzungen nie bloß polemisch. Sie waren von genauen Beobachtungen geprägt und deshalb oft zutreffend. Wahrscheinlich reagierten die Betroffenen auch deshalb umso schärfer darauf. »Es gibt einen aktuellen Fall?«, fragte ich, in der Hoffnung auf ein bisschen aufregenden Klatsch von meinem alten Arbeitsplatz.

Sie nickte. »Kannst du dich noch an Lori erinnern?«

»An die Oberärztin? Klar.«

»Der Chef war auf Urlaub, sein Vertreter war krank und deshalb leitete sie vorübergehend die Abteilung. Ganz schlimm, kann ich dir sagen. Sie war überfordert und genervt, eine denkbar schlechte Kombination. Irgendwann hat es mir gereicht.«

»Was war?«

»Ich war allein auf der Station, bei jeder Menge Stress. Drei Aufnahmen und zwei Entlassungen, ein instabiler Patient, mit dem ich ins CT musste, verstopfte Ventrikeldrainagen und die halbe Station frisch operiert und mit Schmerzen.«

»Schrecklich. Und Lori?«

»Sie rief an und wollte, dass ich in zwei Stunden die Ambulanz übernehme.«

»Oh, merde! Was hast du gemacht?«

»Ihr die Lage erklärt. Ich sagte ihr, dass ich nicht wegkann. Aber sie hat nicht zugehört. Sie hat nur etwas darüber gefaselt, dass derzeit eben alle viel zu tun hätten. Ich habe aufgelegt und bin natürlich geblieben, wo ich war. Alles andere wäre Schwachsinn gewesen.«

»Und sie hat dich natürlich verpetzt.«

Sophie nickte. »Wie ein Volksschulmädchen. Termin beim Chef, als der zurück war. Ich hätte ihre Anordnungen nicht befolgt, sagte sie.« Sophie legte den Eislöffel auf ihren leeren Teller. »Trinken wir noch einen Kaffee?«

Ich winkte dem Kellner. »Wie war das Gespräch beim Chef?«, wollte ich wissen, denn von Sophie konnte ich in puncto Mut und Kompromisslosigkeit immer einiges lernen.

»Es verlief eigentlich anders, als ich erwartet hatte«, antwortete sie. »Ich sagte, dass Loris Anordnung medizinisch gesehen gefährlich war und dass sie dabei nicht rationale Erwägungen bedacht, sondern auf ihr Bauchgefühl gehört hatte und einer persönlichen Antipathie mir gegenüber gefolgt war. Ich betonte, dass persönliche Gefühle sowie Probleme mit anderen schlechte Ratgeber seien, wenn es um die Gesundheit und das Leben von Patienten ging. Ich fügte hinzu, dass es eine korrektere Anordnung gewesen wäre, aus einer mit zwei Ärzten besetzten Abteilung einen in die Ambulanz zu schicken.«

»Dem war ja wohl schwer zu widersprechen. Was hat der Chef gesagt?«

»Etwas, mit dem ich nicht gerechnet hatte. Er wollte nicht über die Qualität von Loris Anordnung reden, sondern über den Prozess, der dazu geführt hatte. Über den Kommunikationsfluss also. Stell dir das mal vor.«

»Okay, worauf lief das hinaus?«

»Er sagte zu mir: ,Der Ärger darüber, dass jemand Ihre Einschätzung übergeht, ob sie nun richtig oder falsch ist, hätte Sie nicht dazu verleiten dürfen, eine Anordnung einfach zu ignorieren. Weder ich noch meine Vertreter können von ihren Büros aus sehen, was in den Abteilungen und Ambulanzen los ist. Es ist deshalb die Aufgabe der Ärzte dort, mich, beziehungsweise sie, so gut zu informieren, dass wir sinnvolle Entscheidungen treffen können. Sie hätten richtig gehandelt, wenn Sie die Anordnung angenommen hätten, und wenn Sie der Kollegin nach Ablauf der zwei Stunden zurückgemeldet hätten, dass Sie aus diesen und jenen Gründen in ihrer Abteilung im Moment unabkömmlich seien. Dann hätte die Kollegin die Chance gehabt, ihre Anordnung zu überdenken und sie gegebenenfalls zu korrigieren.«

»Das heißt, er hat dir die Schuld gegeben.«

»Du kennst mich. Mir war das Gespräch ziemlich egal. Sei's drum. Aber wir sind abgeschweift. Waren wir nicht beim Fußball? Was passiert eigentlich im Fußball, wenn Spieler ein Problem mit ihrem Trainer haben? Können sie ihn absetzen?«

»Im Fußball zeigt es sich rasch, wenn ein Trainer nichts taugt. Ein paar verlorene Spiele, und er ist weg«, antwortete ich. »Wie seid ihr nach dem Gespräch verblieben, du und Lori?«

»Ich glaube nicht, dass wir noch Freundinnen werden, aber ich werde mich in Zukunft nicht mehr so angreifbar machen.«

Offenbar gaben wir beide Loris Chef insgeheim recht und fanden, dass er die Situation korrekt analysiert und richtig darauf reagiert hatte. Mir wurde klar, dass die Fähigkeit, zu analysieren und dementsprechend zu reagieren zur Grundausstattung jedes guten Chefs oder Trainers gehörte, sei es nun der Chef eines Krankenhauses oder der Trainer unseres inneren Teams.

Wie mir der Zwist zwischen Sophie und Lori vor Augen geführt hatte, war diese Anforderung hoch. Der Chef hätte einfach den Argumenten seiner Oberärztin oder Sophies folgen und entweder den Gesetzen der Diensthierarchie oder der sachlichen Vernunft den Vorzug geben können, doch so leicht hatte er es sich nicht gemacht. Er hatte sich lieber auf eine andere Ebene begeben und etwas gesagt, das beide nur als richtig erkennen konnten, und das weder seine Oberärztin bloßstellte noch Sophies Argumente ignorierte. Das erforderte Klasse, Kraft und Erfahrung im Analysieren von Situationen und im richtigen Reagieren darauf.

Für den Trainer unserer inneren Teams kommt im Vergleich zu einem Krankenhauschef oder einem Fußballtrainer hinzu, dass er niemals einen so genauen und dementsprechend objektiven Überblick über die handelnden Personen haben kann wie sie. Er kann sich weder verbal mit ihnen austauschen, noch kann er Rückschlüsse aus ihrer Mimik, ihrer Gestik oder ihrem Tonfall ziehen.

Dass er Christopher nicht bei einem romantischen Dinner und Valeria nicht beim Erstellen von Finanzplänen einsetzt, ist vielleicht noch klar. Aber welche Anordnungen trifft er zum Beispiel für eine Scheidungsverhandlung, bei der es gleichzeitig um das Wohl der Kinder, die Aufteilung von Vermögen und um starke Emotionen geht? Ein guter in-

nerer Trainer kann auch diese Situation richtig analysieren
und richtig darauf reagieren.

Funktion 3:
Krisen meistern

»In Turnieren, in denen es um viel geht, haben bestimmte
Spieler Fixplätze in der Startaufstellung«, hatte Alex mir bei
jener Sommerparty am Dach erzählt. »In schwierigen Turnieren, ebenso wie in Krisensituationen, setzen Trainer die
besten Spieler ein. Jene, auf die sie sich verlassen können.
Das sind meist auch jene mit der größten Erfahrung. Denn
in solchen Situationen lassen sie sich kaum auf Experimen-
te mit Neulingen ein.«

»Auch unser innerer Trainer kann seine Qualitäten am
besten beweisen, wenn eine Krise ausbricht«, meinte Shird,
als wir während eines langen Nachtdienstes das geheimnis-
volle Wesen »Trainer des inneren Teams« für uns selbst besser fassbar zu machen versuchten. »Wenn er klug ist, zeigt
er dabei ähnliche Reflexe wie ein Fußballtrainer. In Krisensituationen wird er jener unserer Persönlichkeiten die
Oberhand lassen, die schon immer dominant war, und die
deshalb von allen Mitgliedern des inneren Teams mit der
Führungsrolle am besten umgehen kann. Sie übernimmt so
eine Art Schutzfunktion, mit all den Vor- und Nachteilen,
die ihre Persönlichkeitsstruktur mit sich bringt.«

Mir fiel dazu meine ehemalige Schulkollegin Claudia,
eine Schriftstellerin mit dominanter innerer Valeria, ein. Sie

schrieb Romane und arbeitete nebenbei als Ghostwriterin für Wissenschaftler, Wirtschaftsstrategen und Politiker.

Am Tag vor unserem Treffen in ihrer Wohnung hatte sie eine Deadline für ein Manuskript gehabt und es mitten in der Nacht auch abgegeben. Als sie mir die Tür öffnete, staunte ich nicht schlecht. »Was ist denn hier los«, fragte ich sie, »hast du einen Paketshop eröffnet?«

Überall im Vorraum lagen Kartons herum. Manche waren noch unberührt, andere waren aufgerissen, und dazwischen lagen originalverpackte Bücher und DVDs herum. Im Wohnzimmer sah ich einen Schuhkarton mit halb ausgepackten roten Ledersandalen, am Couchtisch lagen die zwei jüngsten Romane von Michel Houellebecq samt Preisetikett, eine noch eingeschweißte Biographie des bosnischen Filmregisseurs und Musikers Emir Kusturica, ein Bildband über Paris und eine Lonely-Planet-Ausgabe über legendäre Zugreisen. Rund um den Tisch befanden sich unter anderem ein neuer, halb aufgeblasener Gymnastikball mit Pumpe, zwei Kleider und ein T-Shirt sowie Paketklebeband, Rechnungen und Rücksendescheine. »Die zwei Wochen vor einer Deadline sind eine absolute Krisenzeit für mich«, sagte sie. »Ich erzähle dir gleich alles, aber essen wir zuerst etwas. Ich habe Ratatouille gemacht, schließlich habe ich mich in den vergangenen beiden Wochen von Kaffee, Schokolade und Kuchen ernährt.«

Während wir aßen, läutete es noch zweimal an der Tür. Einmal kam der Postbote mit einem Paket, das zweite Mal war es eine Amazon-Lieferung. Für mich hatte das etwas

Entspannendes. Neben Claudia wirkte ich mit meiner zeitweiligen Einkaufswut wie eine ganz normale Frau, die sich nur ab und zu gerne etwas gönnte.

»Weißt du, ich habe mein Einkaufsverhalten inzwischen eigentlich ganz gut im Griff«, sagte Claudia trotzdem. »Ich hatte einige Stunden Psychotherapie. Ich weiß jetzt, dass es nicht um die Dinge geht, die ich kaufe, sondern um das Kaufen selbst. Ich weiß jetzt auch, dass Einkaufen bei mir eine echte Problembewältigung ersetzen kann, weil es das in Stimmungstiefs und Krisen dringend nötige Dopamin liefert. Deshalb überlege ich jetzt lange, ehe ich etwas kaufe, checke meine Finanzen und verzichte auf Impulskäufe. Nur wenn ich Stress habe, knapp vor einem Abgabetermin zum Beispiel, falle ich zurück in meine alten Muster. Du weißt nicht, wie es ist, ein Manuskript abgeben zu müssen. Ich vergesse meinen Hund vor dem Supermarkt und grüble daheim, was fehlt. Ich suche verzweifelt den Kaffee und finde ihn am nächsten Morgen im Badezimmerregal. Der Schlüssel ist sowieso dauernd weg. Die Übungen, die ich gelernt habe, greifen in solchen Phasen nicht mehr. Ich kann den Stress vor einer Deadline nur bewältigen, indem ich tue, was ich schon immer in dieser Situation getan habe. Einkaufen. Das beruhigt mich. Wenn ich etwas bestellt habe, fühle ich mich gut, denn dann habe ich das Gefühl, etwas erledigt zu haben. Teilweise mache ich mir auch vor, ich würde diese Bücher als Inspiration brauchen, die Kleider, um meine Garderobe zu ergänzen, und so weiter.«

»Was tust du mit dem ganzen Zeug, jetzt, wo du das Manuskript abgeschickt hast?«, fragte ich sie. Ich nahm den

Lonely-Planet-Band zur Hand und blätterte darin. »Fährst du jetzt etwa mit einem antiken Zug durch Darjeeling?«

Sie zuckte mit den Schultern. »Ich ordne alles, was da ist, und schicke zurück, was ich nicht brauche.«

Claudia fühlte sich schwach, weil sie unter Druck wieder in Verhaltensweisen zurückgefallen war, die sie eigentlich abgelegt hatte, dabei war sie nur dem genannten Konzept der Krisenbewältigung gefolgt. Ihr vertrautester, dominantester und erfahrenster Spieler hatte die Führung übernommen und sie im Grunde erfolgreich durch die zweiwöchige Krisenzeit geführt. Sie hatte das Manuskript ja tatsächlich rechtzeitig abgegeben.

Der Berg an Online-Bestellungen fiel unter verschmerzbare Kollateralschäden. Sie waren besser, als wenn sie die Führung einem der anderen drei, viel unerfahreneren Spieler überlassen hätte und gescheitert wäre, indem sie das Manuskript nicht rechtzeitig abgegeben hätte, darüber erst recht unglücklich gewesen wäre und womöglich berufliche Schwierigkeiten bekommen hätte.

Nach der Krise hatte sie ihre innere Valeria instinktiv wieder abgezogen und Christopher die Aufgabe überlassen, Valerias Chaos aufzuräumen.

Valerias innerer Trainer hatte also in Sachen Krisenbewältigung eigentlich alles richtig gemacht.

Funktion 4:
Eine Respektsperson darstellen

Jeder Trainer muss Erwartungen erfüllen. Sowohl seine Arbeitgeber als auch seine Spieler messen ihn irgendwann an den Erfolgen des Teams. »Dabei muss es ihm auch gelingen, als Respektsperson anerkannt zu werden«, hatte Alex mir erklärt. »Es gibt zwar immer auch Trainer, die umgänglich und sanft im Ton sind, die flache Hierarchien schätzen, aber letztendlich sind sie doch immer wie Chefs. Wenn ein Trainer ein schlechter Chef und als Respektsperson unglaubwürdig ist, helfen ihm die besten Strategien nichts. Dann machen seine Spieler mit ihm, was sie wollen. Dann nützen sie es unter Umständen auch aus, dass Trainer nach ein paar Niederlagen schnell abgelöst werden. Es gibt Fälle, in denen Mannschaften absichtlich verlieren, um einen ungeliebten Trainer loszuwerden. Das bedeutet: Ein guter Trainer muss vor allem auch eine Respektsperson sein.«

Was also tun?

»Von einem guten Chef erwarten wir im Wesentlichen, dass er gerecht und professionell ist, und dass er gute Entscheidungen trifft«, sagte Shird dazu. »Er muss eine gewisse Distanz zu den Spielern bewahren, schon um die Dinge aus einer übergeordneten Perspektive betrachten zu können. Die Spieler müssen wissen, dass er entscheidet, ob sie auflaufen dürfen oder nicht, aber er darf diese Entscheidung nie als Machtinstrument benützen, sondern muss sich dabei an nachvollziehbare und wiedererkennbare Regeln halten. Genauso muss sich unser innerer Trainer gegenüber Christopher, Valeria, Sophie und Bono verhalten. Es hat zum Beispiel keinen Sinn, auf einen von ihnen wütend zu sein. Zu einer Respektsperson macht ihn vor allem, dass er sie so akzeptiert, wie sie sind, und mit ihnen so kalkuliert, wie es für das gemeinsame Ziel am besten ist.«

Auch wenn uns zum Beispiel unser innerer Bono manchmal in die Quere kommt oder uns sogar nervt, bringt es nichts, ihn zu verteufeln. Wir sollten immer im Kopf behalten, dass keiner der vier Teile in uns über einem anderen steht. Jeder von ihnen erfüllt eine Funktion, die wichtig für ein ausgewogenes und erfülltes Leben ist. Auch wenn wir es am Ende sind, die darüber entscheiden, wer von unserem inneren Team zum Einsatz kommt, sollten wir dementsprechend alle vier mit Respekt behandeln. Das vor allem ist es, was uns selbst vor unserem inneren Team zur Respektsperson macht.

Wir besprachen noch eine Weile die Frage, wie ein real nicht existenter Trainer Respektsperson für ein real nicht existentes Team sein könnte, und was es bewirken würde, wenn er es nicht wäre. Die Antwort darauf war einfach. Es ging immer darum, die real existenten vier Teile unserer Seele neu zu ordnen. Sie uns als Persönlichkeiten vorzustellen, war jener Weg, mit dem wir der Wirklichkeit am nächsten kamen. Wenn wir es schafften, diesem Team durch unseren inneren Trainer mit Respekt zu begegnen und dafür vom Team respektiert zu werden, war das eine unserer besten Chancen, ausgeglichen und frei von inneren

Spannungen handeln zu können. Denn letztlich stand über dem Thema Respekt zwischen unserem inneren Trainer und unserem inneren Team das große Thema: Respekt vor uns selbst.

Change 5: Dem Fremden begegnen

Wie gesagt stärken wir unsere vier inneren Persönlichkeiten vor allem, indem wir sie als Freunde betrachten und uns mit ihnen vertraut machen. Dies immer in dem Bewusstsein, dass das Kräfteverhältnis in unserem inneren Team nie endgültig feststeht, sondern unser Leben lang wandelbar bleibt. Es ändert sich laufend, etwa durch den Einfluss neuer Menschen in unserer Umgebung, durch neue Herausforderungen und durch neue Ziele, die wir uns setzen.

»Face the strange« (»Begegne dem Fremden«), hatte schon David Bowie, der Meister der Veränderungen, in »Changes« gesungen. Uns unserer Unlust zu stellen ist nur eines von zwei Mitteln dabei. Das andere besteht darin, uns mit Menschen zu beschäftigen, sie zu beobachten und von ihnen zu lernen, bei denen eine bei uns unterentwickelte innere Persönlichkeit dominant ist. Für mich ging es kurz gesagt also darum, gelegentlich mal auf einen Kaffee mit jemandem mit dominantem Christopher zu gehen.

Wirklich vorstellen konnte ich mir das allerdings nicht. Zu viele unangenehme Christophers waren mir bereits in meinem Leben begegnet. Zynische und sadistische Pedan-

ten, die gerade Menschen wie mich gerne quälten, sie bloß-
stellten und demütigten.

Klar war es schön, vielseitig zu sein. Vielseitige Menschen, die je nach Situation eine andere Facette von sich
zeigen und andere Stärken zur Geltung bringen konnten,
wirkten auf andere oft interessant und manchmal sogar
geheimnisvoll. Aber sollte ich mir nicht doch einfach den
Luxus gönnen, auf die Facette Christopher in meinem Leben
zu verzichten?

Immerhin dachte ich bei Menschen mit dominantem
Christopher an Finanzbeamte, die mir wegen lächerlicher
fehlender Belege zwanzig Seiten lange Bescheide schickten.
An Kollegen, die sich geradezu hasserfüllt beschwerten,
wenn ich Arztmäntel an die falschen Haken gehängt hatte.
An Vorgesetzte, die hinter Schreibtischen, auf denen sich
nichts als drei gespitzte Bleistifte und ein sauberer Stapel
weißen Papiers befanden, mit mir über Pünktlichkeit diskutieren wollten.

Andererseits hatte ich bereits Fortschritte gemacht bei
dem Versuch, meinen inneren Christopher als Freund zu
gewinnen. Erst jüngst war es mir mit links gelungen, einen
Aufkleber, der mein Postfach tabu für Werbung machte, zu
besorgen – ein in Wien verhältnismäßig umständlicher Vor-
gang. Außerdem war im Moment keine einzige Rechnung
offen und, ja genau, als mir ein Kollege jüngst erzählte, dass
bestimmte Gebrauchtwägen viel billiger waren, wenn wir
sie als Österreicher aus Deutschland importierten, interessierte mich das trotz des damit verbundenen Papierkrams.

Ich bekam beinahe eine Gänsehaut, während ich diese und andere Beispiele resümierte. Hatte mein Christopher sich heimlich in meinem Leben entfaltet? Es sah fast so aus, und als ich den ersten Schreckensmoment überwunden hatte, indem er mir eher wie ein Eindringling vorkam, hieß ich ihn im Stillen willkommen. Alles andere, als jetzt dranzubleiben, wäre einfach dumm gewesen. Bloß wo waren die von ihrem inneren Christopher dominierten Menschen, mit denen ich gerne auf einen Kaffee gegangen wäre?

Ich dachte ziemlich lange darüber nach, aber mir fiel niemand außer meinem Steuerberater ein, und mit dem war das auch so eine Sache. Für mich war es mit ihm wie bei einem Zahnarzt. Es gab wundervolle Zahnärzte, gebildete, intelligente, höfliche, unterhaltsame und empathische Menschen. Aber letztendlich waren sie so anders und unterschieden sich doch zu sehr von uns Psychiatern, um sie unbesorgt in unserem Leben zuzulassen.

Am nächsten Tag war ich müde und warf mich daheim aufs Sofa, um meinen Cappuccino im Liegen zu trinken. Mein Blick fiel auf den großen Messingluster im Wohnzimmer. Mein Bruder hatte ihn montiert, was eine komplizierte Angelegenheit gewesen war, weswegen ich ihn damals mit einem Abendessen mit Wild und Wein belohnt hatte. Zunächst hatte er stundenlang in die Luft gebohrt, weil die Decke fast überall hohl war. Bohren, gipsen, bohren, so verging der halbe Nachmittag. Bis es mir reichte. »Ich habe jetzt echt genug von diesem Mist«, sagte ich. »Ich verkaufe das Ding morgen im Internet und wir essen jetzt das Reh.«

Während des Essens stand mein Bruder ständig auf, um die Wohnzimmerdecke zu inspizieren. »Ich habe noch eine Idee«, sagte er schließlich.

Er schaffte es tatsächlich, zwei Dübel und zwei Haken so zu verankern, dass sie es sogar aushielten, als ich selbst probeweise daran von der Decke baumelte. Inzwischen hängt der Luster seit fünf Jahren dort, auch wenn sich mein Bruder bei Besuchen in meiner Wohnung immer mit dem Hinweis daruntersetzte, dass er gerade sein Leben riskierte.

Ich war viel weniger gewissenhaft gewesen als er und wollte aufgeben. Er hingegen hatte es mit seinen Christopher-Anteilen nicht über sich gebracht, das Projekt unerledigt zu lassen.

Mir fiel ein, dass mein Bruder auch die Unordnung auf meinem Laptop schlecht ertrug, dort regelmäßig aufräumte und gleichzeitig Updates durchführte, während er zwischendurch meine Kaffeemaschine entkalkte, wenn ich wieder einmal deren traktorähnliches Geräusch monatelang ignoriert hatte.

Ich wählte seine Nummer und freute mich, als er gleich abhob. »Hast du Lust, wieder einmal dein Leben zu riskieren?«, fragte ich.

Change 6: Lernen an Beispielen

»In meinen Laden kommen manchmal Roma«, sagte mein Freund Bono, der Musikalienhändler. »Alle spielen Instrumente, meist in großen Gruppen, und kaum jemand von ihnen hatte je Musikstunden oder Musikunterricht. Sie haben es sich einfach gegenseitig oder selbst beigebracht und ganz egal, wie schlecht es ihnen gerade geht und wie widrig die Umstände gerade sind, sie haben immer die Musik und dadurch ein bisschen Freiheit.«

Draußen tobte ein Sturm. Der Keller in Bonos Laden war einer der wenigen Orte in Wien, an denen es ruhig und beschaulich war.

Wir tranken kühles Budweiser aus der Flasche, saßen auf einem alten Ledersofa und sprachen wie so oft über das Leben, über Musik und darüber, ob sich Menschen verändern können.

»Ich denke derzeit viel über Veränderungen in meinem Leben nach«, erzählte ich ihm. »Aber manchmal frage ich mich, ob Veränderungen überhaupt möglich sind und ob es nicht eher so ist, dass wir uns vielleicht kurz ändern, um dann doch immer wieder in die gleichen alten Bahnen zurückzukehren? Ist diese ganze Freiheit, die wir im Hinblick auf unser Schicksal zu haben glauben, nicht bloß eine große Illusion? Ich frage mich das manchmal bei Patienten, die große Fortschritte machen. Das sind dann die Erfolgserlebnisse in meinem Job. Aber drei Monate später sitzen sie wieder mit ihren alten Problemen bei mir.«

Wir schwiegen einige Sekunden lang beide, dann fuhr ich fort. »Weil du gerade von Roma gesprochen hast: Kennst du den Film »Time of the Gypsies« von Emir Kusturica? Ich habe vor kurzem bei einer Freundin eine Biographie über diesen Musiker und Regisseur gefunden, so bin ich darauf aufmerksam geworden. Zu Deutsch heißt der Film »Zeit der Zigeuner«. Der Protagonist, ein Roma, ist voller Ideale, Motivation und Liebe, doch alle nutzen ihn nur aus. Am Ende kann er sich von seinem Milieu nicht befreien. Er geht vorgefertigte Wege und verliert letztendlich alles: Ideale, Träume, sogar sein Leben.«

Bono stand lächelnd auf und holte eine Schallplatte aus einem seiner Regale. »Die habe ich erst vor einigen Tagen hereinbekommen«, sagte er.

Das Cover zierte ein pittoreskes, romantisches und ein bisschen mystisches Gemälde mit einer Ziehharmonika, einem Blumenstrauß und einem Blumenkranz auf einem alten Holztisch, dazu eine durch ein offenes Fenster sichtbare Berglandschaft sowie ein weißer Brautschleier. »Das ist die Filmmusik zu ‚Zeit der Zigeuner'«, sagte Bono.

Er legte die Platte auf und spielte das letzte Lied auf der B-Seite. »Ederlezi«, ein altes Zigeunerlied. »Geht unter die Haut«, kündigte er an, während sich die Nadel senkte. »Dabei ist die Hymne der Zigeuner gar nicht ›Ederlezi‹, sondern ›Djelem, Djelem‹. ›Ederlezi‹ hat Kusturica mit diesem Film bekannt gemacht.«

Ich schloss die Augen. »Ederlezi« aus diesen fast zwei Meter hohen Boxen in der genialen Akustik dieses Kellers, das war noch einmal eine ganz andere Dimension des Hörens.

»Zum Thema Veränderung wollte ich dir noch von einem Kunden erzählen«, sagte Bono, während er sich wieder zu mir setzte und einen Schluck Bier trank. »Ich kenne ihn schon seit den späten 1990er-Jahren. Er ist ein Roma aus Kroatien, ein freundlicher, offener und ehrlicher Mann. Er kam regelmäßig in den Laden, in dem ich früher gearbeitet habe. Wir haben viel geredet, und er hat regelmäßig Platten, Plattenspieler und andere Geräte gekauft, um sie weiterzuverkaufen. Er hatte immer irgendwelche Geschäfte am Laufen und Stände am Flohmarkt und so. Das war aber nur eine Nebeneinkunft für ihn. Hauptsächlich spielte er als Geiger in einer Band, die bei Hochzeiten und anderen Festen auftrat. Ich war einmal bei ihm. Er hatte eine winzige Wohnung im Halbkeller. Darin stand eine mindestens 20.000 Euro teure Hi-Fi-Anlage, die offensichtlich das Wichtigste in seinem Leben war. Er hatte sie aufgebaut wie einen Altar, mit Gipsfiguren und Plastikblümchen rundherum. Ich fragte mich, wie er sich die leisten konnte.«

»Habe ich mich auch gerade gefragt.«

»Er erzählte mir, dass er bei seinen Freunden und Kollegen gesehen hatte, wie sie lebten. Das Geld, das sie an einem Tag verdienten, stellten sie meist noch am gleichen Abend wieder auf den Kopf. Er beschloss, es anders zu machen. Er lebte sparsam und gönnte sich nur die Dinge, die wirklich wichtig für ihn waren. Er war seinem Milieu entkommen.«

»Vielleicht war er einfach ein anderer Typ«, wandte ich ein. »Soll es ja geben.«

»War er nicht. Für ihn war das ein Prozess. Er erzählte mir, dass er genau gleich gelebt hatte. Bis er etwas für ihn

Wichtiges einsah: Zu Vermögen kommen jene Menschen, deren Bedürfnis, Geld zu bewahren, größer ist als ihr Bedürfnis, Geld auszugeben. Von da an arbeitete er an seinem Bedürfnis, Geld zu bewahren. Er erforschte sich, redete mit Menschen, die Vermögen hatten, machte sich Pläne und schuf sich neue Routinen, bis ihm das Bewahren des Geldes selbstverständlich geworden war. Inzwischen arbeitet er mit dem Geld. Er macht seine Geschäfte nicht mehr auf Flohmärkten, sondern in viel größerem Stil...«

»...und lebt noch immer in seinem Halbkeller.«

»Das glaube ich nicht, aber ich wette, dass seine Wohnung noch immer in einem sehr vernünftigen Verhältnis zu seinem Einkommen steht. Wenn er dein Patient gewesen wäre, könntest du jetzt jedenfalls stolz auf ihn sein.«

Er redete mit Menschen, die Vermögen hatten. Dieser Satz blieb bei mir hängen. »Face the strange« – Bonos Bekannter hatte diese Regel offenbar instinktiv befolgt, was mich zusätzlich motivierte, mich nach Menschen mit inspirierenden Christopher-Aspekten wie meinem Bruder umzusehen.

Eine Freundin mit starkem Valeria-Anteil hatte sich sogar auf einen Partner mit dominantem Christopher eingelassen. Ein Abenteuer. Ihre Beziehung war durchaus spannend, aber besonders reich an Konfliktstoff, besonders auf gemeinsamen Reisen. »Es ist furchtbar«, sagte sie einmal zu mir. »Er würde mit Begeisterung auch im letzten Rattenloch am Boden schlafen, wenn es richtig billig wäre.«

»Wie einigt ihr euch da?«, fragte ich sie damals.

»Wir finden immer einen Kompromiss«, antwortete sie, »aber ich bin selten glücklich damit. Jedes Mal frage ich mich wieder, warum ich mit ihm verreise. Ich muss mir dann immer etwas Sündteures kaufen, damit ich das Gefühl habe, noch am Leben zu sein. Vergangenes Jahr in Thailand war es ein Ballen edler Seidenstoffe, den ich mir nach Hause schicken lassen habe.«

Shird legte den Kopf schief, als ich ihm von dieser Freundin erzählte. »Also einen stark von Christopher dominierten Mann gleich zu heiraten, würde ich dir nicht empfehlen. Es ist schon wichtig, das Fremde im eigenen Leben zuzulassen, aber zu viel davon führt selbst im besten Fall zu genau dem, was deine Freundin beschrieben hat. Zu Einigungen, die zwar Kompromisse, aber trotzdem unerträglich sind, ziemlich sicher für beide Seiten. Und zu heftigen Gegenreaktionen. Abseits der Kompromisse leben die beiden Beteiligten dann ihre ohnedies schon zu starken Seiten noch stärker aus.«

Mir wurde auch klar, dass mich nicht nur die Betrachtung des Fremden bei anderen Menschen zu Veränderungen meines eigenen inneren Teams motivieren konnte, sondern durchaus auch das Betrachten meiner eigenen Schwächen bei anderen. Immer wenn mir die Berge an Kartons in der Wohnung meiner Schriftsteller-Freundin Claudia einfielen, dachte ich, dass ich so nicht sein wollte. In Claudias damaliger Situation mochte der Kaufrausch als Strategie zur Krisenbewältigung sogar einen vorübergehenden Sinn gehabt haben, aber losgelöst davon wollte ich dieses Bild nicht abgeben, weder für mich selbst, noch für andere. Für mich bedeutete das: Wenn wir uns mit unseren vier inneren Persönlichkeiten befassen, ist es sinnvoll, die Spuren, die sie im Leben anderer hinterlassen, zu betrachten und zu reflektieren. Das alles stärkt unser Bewusstsein für unser eigenes inneres Team und damit unser inneres Team selbst.

Change 7: Der Schlüssel zum Glück

Als Shird und ich dieses Buch schrieben, um möglichst viele Menschen an unserem Wissen über die vier Teile unserer Seele teilhaben zu lassen, war er mit der obenstehenden Formulierung »Der Schlüssel zum Glück« unzufrieden. Er wollte »Der Schlüssel zur Zufriedenheit« schreiben. Wir waren uns über den Unterschied zwischen beidem seit langem einig. Dauerhaft glücklich zu sein war ein unrealistisches Ziel. Es wäre, als hörten wir von jedem Album immer nur den besten Song, was auf Dauer eintönig und langweilig würde. Die Erkenntnis, dass das Leben eine gute Schallplatte ist, mit besseren und schlechteren Songs, macht aber zufrieden. Die Formulierung blieb dann doch, vielleicht weil wir uns ohnedies mit fortschreitender Lebenserfahrung dieses Unterschieds bewusst werden und gerade deshalb das Glück in der Zufriedenheit suchen.

Shird und ich waren uns auch darüber einig, dass dieser Schlüssel, sei es nun der zum Glück oder der zur Zufriedenheit, immer in unseren eigenen Händen lag. Wir vergaßen es nur manchmal, so wie ich es tat, wenn ich wegen meiner Patienten und auch wegen mir selbst die Veränderlichkeit unseres Lebens durch uns selbst anzweifelte. Doch wir verfügten über diesen Schlüssel und taten gut daran, ihn auch zu benützen.

Shird und ich waren auf das Thema gekommen, nachdem wir mit einem schwierigen gemeinsamen Patienten gesprochen hatten und uns noch eine Weile über den Fall unterhielten. »Ich denke, er sollte sich damit auseinandersetzen, was ihm in seiner Kindheit und Jugend alles zugestoßen ist und erkennen, dass seine Sichtweise einen großen Einfluss darauf hat, wie er sich fühlen wird. Er sollte versuchen, sein Leben, so wie es war, zu akzeptieren«, fasste Shird den Fall zusammen. »Danach kann er selbst die Verantwortung für sein Leben übernehmen. Solange er noch seinen Eltern die Schuld an allem gibt, tut er es jedenfalls nicht.«

Ich erzählte Shird von einer Party bei Freunden, bei der ich im Frühjahr gewesen war. Der Tochter dieser Freunde stand im Herbst der erste Schultag bevor, was geordnetere Tagesabläufe für die ganze Familie mit sich bringen würde. Das Paar nutzte die Zeit bis dahin für eine ausgedehnte Reise nach Australien, Indonesien und Japan, und veranstaltete zuvor eine Abschiedsparty. Dabei kam das Gespräch irgendwie auf die Tomaten eines ihrer Nachbarn.

»Ich habe ihm alle unsere Tomatenpflanzen geschenkt, als klar war, dass wir verreisen«, erzählte meine Freundin. »Er tut mir immer leid, und ich helfe ihm gerne, wo ich kann.«

»Wieso, was hat der?«, fragte ich, und rechnete mit einer kompliziert verschraubten, mehrfachen Fraktur eines Beines oder einem Gehirntumor im Endstadium.

»Er leidet an einer schweren Schuppenflechte und ist deshalb sogar frühzeitig in den Ruhestand getreten«, sagte sie. »Davor war er Taxifahrer, aber er ist ein intelligenter Mann. Er hätte gerne studiert, glaube ich, aber seine Eltern haben ihn nie unterstützt.«

»Wie kann er sich ein Haus in dieser alles andere als billigen Gegend hier leisten?«

»Geerbt«, sagte sie.

»Ich verstehe nicht«, antwortete ich. »Seine Eltern waren vermögend und haben ihm trotzdem das Studium nicht finanziert?«

»Es ging nicht ums Geld«, sagte meine Freundin. »Daran wäre es nicht gescheitert. Sie haben ihn nicht motiviert. Er hätte sich so sehr gewünscht, dass sie ihm ab und zu gesagt hätten, er würde es schaffen und so. Taten sie aber nie.«

»Oh du meine Güte! Darauf hat er ernsthaft die ganze Zeit gewartet? Wie geht es ihm mit seiner Schuppenflechte? Da gibt's ja inzwischen ganz gute Therapien inklusive Ernährungskonzepten.«

»Das ist auch schlimm«, erzählte meine Freundin weiter. »Seine Eltern haben ihm nie das Kochen beigebracht. Er ernährt sich von Fertigprodukten.«

Ich sah in die Runde. Alle sahen mitleidig und traurig drein. Ich behielt meine Meinung über den Nachbarn mit der Schuppenflechte und den mangelhaften Kochkünsten lieber für mich, um nicht als mitleidloses Monster dazustehen.

»Fehlt mir die Empathie, wenn ich mir denke, was für ein Idiot dieser Typ doch sein muss?«, sagte ich jetzt zu Shird. »Bei mir löst diese Pseudo-Hilflosigkeit immer Aggressionen aus.«

Shird schmunzelte. »Du spiegelst die Aggressionen, die in ihm sind. Er dürfte eine ganze Menge davon haben und er richtet sie offenbar gegen sich selbst, weil er sein Leben als mehr oder weniger verpfuscht betrachtet. Er macht seine Eltern, die noch dazu schon verstorben sind, für sein Unglück verantwortlich. Das ist so ähnlich, als würde er einen Brief an jemanden schreiben, dessen Adresse nicht mehr existiert. Der Brief kommt immer wieder zurück. Deine Einstellung zu ihm ist völlig richtig, die deiner Nachbarin eigentlich falsch. Denn solchen Menschen ihre Probleme wegzunehmen, schadet ihnen eher. So wird er sie nie lösen können.«

Wir einigten uns in unserer Ferndiagnose darauf, dass der Mann wahrscheinlich in einer Verbitterungsreaktion festhing. Menschen, die das tun, begeben sich in die Rolle eines Opfers und hoffen, dass dadurch die tatsächlichen oder vermeintlichen Täter, oft die Eltern, einsehen, was sie ihnen angetan haben. Das passiert in der Regel natürlich nicht, weil die meisten Eltern ja nicht bösartig schlechte Eltern waren, sondern es auch nur so gut gemacht haben, wie sie es eben konnten.

Für Menschen, die solche Verbitterungsreaktionen zeigen, führt das dann dazu, dass sie ihr Leiden konservieren müssen. Denn nur so, glauben sie, werden die »Täter« irgendwann doch noch erkennen, was sie mit ihrem Leben angerichtet haben und sich dafür entschuldigen. Dann erst hätten diese Menschen endlich ihren Frieden, zumindest denken sie das. Anders ausgedrückt: Solche Menschen geben ihren Schlüssel zur Zufriedenheit an andere ab, zumeist an ihre Eltern, und gerne auch dann, wenn die schon tot sind.

Es gibt auch Menschen, die den Schlüssel zum Glück an ihre Partner abgeben. Nicht bloß, indem sie auf Motivation und Bestätigung von ihnen warten, sondern indem sie deren Leben zu verändern versuchen, wenn etwas ungünstig läuft, statt bei ihrem eigenen anzusetzen.

Shird und ich waren uns jedenfalls auch einig, dass uns der Schlüssel zum Glück nur abhandenkommen konnte, wenn wir ihn freiwillig anderen überantworteten. Wir waren uns einig darüber, dass alle Energie, alles Können und alle Eigenschaften, die wir zur Bewältigung sämtlicher Herausforderungen brauchten, in unseren vier inneren Persönlichkeiten, den vier Teilen unserer Seele, schlummerten. Klar taten sich willensstarke, hartnäckige und zielstrebige Menschen leichter, diesen Schlüssel auch anzuwenden, aber selbst das Talent zu diesen Tugenden war in uns allen angelegt.

Was wäre aus dem Mann geworden, den wir jetzt als den U2-Star Bono kennen, wenn er seinem Vater, der ihm von der Musik und vom Träumen abriet, den Schlüssel zu seiner Zufriedenheit überlassen hätte? Vielleicht auch ein Taxifahrer mit Schuppenflechte im frühzeitigen Ruhestand, der auf Tomatenspenden von Nachbarn angewiesen war und auf irgendwelche Entschuldigungen wartete, die ganz bestimmt nie mehr kommen würden.

Shird und ich waren uns auch darüber einig: Eine unserer besten Möglichkeiten, unseren Schlüssel zum Glück oder eben zur Zufriedenheit anzuwenden, bestand darin, die vier Teile unserer Seele zu kennen und ihnen auch den jeweils passenden Raum zu geben.

EIN SIEG UND EIN KLEID

Es war ein ruhiger Nachmittag im Krankenhaus. Ich widmete mich gerade einigen Befunden, als Shird an meine Tür klopfte und sich in meinen Patientensessel fallen ließ. Genau so saßen wir da, als wir zum ersten Mal über Christopher redeten. Diesmal war unser Thema allerdings eine griesgrämige alte Frau, die mir in der Straßenbahn begegnet war. Sie hatte, obwohl die Straßenbahn so gut wie leer war, direkt neben meiner Tochter und mir Platz genommen und sich dann über meinen Hund Fred beschwert, weil sie seinetwegen ihre Beine nicht ausstrecken konnte. »Warum setzen Sie sich ausgerechnet hierher, wenn Sie Hunde nicht mögen?«, fragte ich sie. »Provozieren Sie gerne, wie ein Teenager?« Wütend stand sie auf und ging in den hinteren Teil des Wagens.

»Manche Menschen scheinen ihren geistigen Höhepunkt im Alter von zwanzig oder dreißig Jahren zu erreichen, und danach geht es nur noch bergab«, sagte ich zu Shird.

Shird lachte. »Das sehe ich anders«, meinte er. »Ich glaube, dass wir uns im Laufe des Lebens durch unsere Erfahrungen eher weiterentwickeln, und dass es uns gegeben ist, das bis ins hohe Alter zu tun.«

Wir einigten uns darauf, dass er damit wohl recht hatte, Menschen aber Entscheidungen treffen konnten, die sie in ihrer Entwicklung behinderten. Zum Beispiel, wenn sie sich ihren Ängsten vor Veränderung überließen, oder wenn sie in der Opferrolle verharrten.

Ich hatte in den vergangenen Monaten einige Entwicklungen gesehen, die mich Shirds grundsätzlich positive Einschätzung dieses Themas teilen ließen. Zum Beispiel bei den Patientinnen und Patienten, deren Fälle wir anonymisiert und so verändert hatten, dass sie nicht mehr wiedererkennbar sind, um sie in unserem kleinen Spiel einzusetzen.

Die weitere Entwicklung von Figur 1

Die Frau, die ihr Freund, der DJ, um 5 Uhr morgens im Stadtpark verlassen hatte, verbarrikadierte sich zunächst aufgrund ihrer Traurigkeit tagelang in ihrer Wohnung. Doch dann siegte ihr Verantwortungsbewusstsein und sie ging wieder in den Weinladen. Sie wollte ihren Chef nicht im Stich lassen. Sie nahm ihr Wirtschaftsstudium wieder auf und wurde stellvertretende Studentensprecherin ihres Jahrgangs.

Dabei stärkte sie ihre innere Sophie, die bis dahin viel zu schwach gewesen war und ihre Lebensgestaltung und -führung ihrem inneren Bono überlassen hatte. »Mit den Professoren und dem Sekretariat zu sprechen, Dinge einzufordern – für mich allein hätte ich das nie geschafft«, erzählte sie mir bei einer unserer Sitzungen. »Nun musste ich aber Verantwortung gegenüber den anderen übernehmen, der ich mich nicht entziehen wollte. Ich wollte für sie da sein.«

Sich zurückzuziehen und die friedlichste Lösung zu finden, wie sie es bisher am liebsten getan hatte, ging jetzt nicht mehr. Mithilfe ihrer inneren Sophie analysierte sie die Lage der Studenten und den Einfluss, den die Politik darauf nahm, und hielt mit ihren Argumenten dagegen, wenn ihr etwas nicht gefiel. Die Begrenzung der Macht ihres inneren Bono half ihr auch in Beziehungen. Sie warf sich nicht mehr weg für ihren nächsten Freund und definierte sich nicht mehr allein über ihn – was nicht nur ihr guttat, sondern auch ihrem Freund.

Die weitere Entwicklung von Figur 2

Von der Lehrerin für klassisches Ballett hörte ich wochenlang nichts. Ich wusste aber, dass sie mit ihrem Freund, dem neuen Lehrer an der zeitgenössischen Abteilung ihrer Tanzschule, verreist war. Es war zur Hälfte eine dienstliche Reise. Sie führte die beiden nach Mittel- und Südamerika, in die Entstehungsländer der lateinamerikanischen Tänze, in denen sie sich vor Ort unterrichten ließen. Tango in Argentinien. Samba in Brasilien und verschiedene Salsa-Varianten in Costa Rica, Kuba und Mexiko.

Letztendlich hatte sie sich auf den Mann eingelassen. Jetzt lernte sie nicht nur neue Tänze, sondern auch, mit einigen seiner Eigenschaften umzugehen, die bei ihr wegen ihrer schwachen Valeria-Anteile unterentwickelt waren. Mit seiner Begeisterung für alles Neue, seiner Spontanität und seinem Freiheitsdrang zum Beispiel. »Ich will diese Seiten an ihm nicht ertragen lernen, sondern ich will lernen, sie als wertvollen Schatz zu sehen, den ich selbst auch in mir habe«, hatte sie bei unserem letzten Treffen gesagt.

Die weitere Entwicklung von Figur 3

»Es soll etwas ganz Großes werden,« erzählte mir der Mann, der nach einem gescheiterten Versuch mit seinem eigenen Club zunächst nur noch auf seine Christopher-Anteile gesetzt und als Bankangestellter für seine Verhältnisse dahinvegetiert war. Nach seinem Erweckungserlebnis bei dem Film über die Rolling Stones in Kuba und der Kontaktaufnahme mit einem Club-Gründer, der professionelle Hilfe suchte, aktivierte er seine innere Valeria wieder. »Wir machen etwas ganz Neues«, sagte er. »Etwas Einzigartiges. Etwas nachzumachen, darauf haben wir keine Lust. Geht ja auch bei den richtig großen Dingen kaum. Wer hätte je Woodstock nachmachen können?«

Seine innere Valeria ließ es wieder zu, neue Pläne zu schmieden, eingefahrene Wege, die ihn nur unglücklich machten, zu verlassen und sein Leben wieder als Abenteuer zu sehen.

Allerdings hatte seine innere Valeria jetzt einen starken Christopher an ihrer Seite, der sich in den vergangenen Jahren entwickelt und bewährt hatte. Er würde für Stabilität, Tragfähigkeit, Ausdauer und Pflichtgefühl sorgen.

»Wir sind jetzt in der Vorbereitungszeit«, sagte er, »denn damit der Club richtig gut wird, müssen wir vieles planen und organisieren.«

Die weitere Entwicklung von Figur 4

Der Mann, der, maßgeblich gesteuert von seiner inneren Sophie, seine leeren Flaschen am liebsten nachts zur Sammelstelle brachte, damit er dabei möglichst wenig mit seinen Mitmenschen zu tun bekam, und den es wenig kümmerte, wenn er ebendiese mit dem Lärm von zersplitterndem Glas aus dem Schlaf riss, erkannte, dass keine Beziehung klappen würde, wenn er sich im Grunde doch die ganze Zeit verschloss. Er hinterfragte auch seinen ständigen Wunsch nach Kontrolle und fand heraus, dass er damit letztendlich andere Menschen auf Abstand hielt.

Diese Erkenntnisse motivierten ihn, in psychotherapeutischen Gesprächen an sich zu arbeiten, um endlich eine erfüllende Beziehung führen zu können. Schließlich lernte er, seinen inneren Bono zu stärken und öfter einzusetzen.

Er akzeptierte, dass auch er den Wunsch nach Vertrautheit und Nähe hegte und entdeckte seine Sehnsucht, zu lieben und geliebt zu werden. Er öffnete sich seiner Freundin gegenüber und ließ sie an seinem Leben teilhaben. Ihre Beziehung entwickelte sich daraufhin zu einem stabilen und meistens erfüllenden Miteinander.

Erst jüngst bezogen sie sogar ihre erste gemeinsame Wohnung, was ihm am Anfang der Therapie völlig unmöglich erschienen war. Diese Wohnung hatte zwar zwei Schlafzimmer und zwei Bäder, was sich auf die Höhe der Miete auswirkte, aber für die Freundin des Mannes war das okay. Sie sahen das beide als ersten Schritt.

Shird lehnte sich zurück. Ich wusste, dass er seinen Job liebte. Er war gerne im Krankenhaus und strahlte das auch aus. Das schätzten nicht nur seine Patienten an ihm, es machte ihn auch zu einem angenehmen Kollegen und Vorgesetzten. Für uns beide waren unsere Gespräche über die vier Teile unserer Seele wichtig geworden und ich ahnte, was Shird sich fragte, als wir die Entwicklung dieser vier Patienten kurz besprochen hatten. Wie hatte eigentlich ich mich entwickelt? War es mir inzwischen gelungen, mich mit meinem inneren Christopher ernsthaft anzufreunden? Er musterte mich genauer. »Du trägst ein neues Kleid, nicht wahr?«, sagte er. »Sehr schön.«

Er rührte an einem meiner wunden Punkte. Die roten Pailletten meines neuen Lieblingskleides klimperten unter meinem weißen Mantel. Shird, der die einmalige Gabe hatte, solche Extravaganzen statt mit Ironie mit einem freundlichen Zwinkern zu kommentieren, ging sogar noch einen Schritt weiter. »Hat nicht die Bank deinen Überziehungsrahmen halbiert? Dein Ausdruck für sie war ,fiese Bande', wenn ich mich richtig erinnere.«

Ich atmete tief ein und lehnte mich in meinem roten Paillettenkleid zurück. Shird hatte keine Ahnung, was ich in den vergangenen sechs Monaten wegen dieses Kleides durchgemacht hatte. Die Konflikte, die meine innere Valeria und mein innerer Christopher deshalb ausgetragen hatten, waren wirklich strapaziös gewesen.

Als die Sommerkollektion meiner französischen Lieblingsdesignerin, zu der das Kleid gehörte, erschien, rief Valeria so laut sie konnte: »Ich will dieses Kleid! Kauf es sofort! So eines findest du so in zehn Jahren nicht mehr!«

Christopher bremste sie und argumentierte, bei einem Kleid um diesen Preis sei ein Rabatt zum Sommerschlussverkauf abzuwarten. So ein teures Kleid werde bis dahin bestimmt nicht ausverkauft sein. Es gäbe bestimmt nicht so viele Frauen, die verrückt genug wären, mehr als 400 Euro dafür auszugeben.

Valeria jammerte, dass die benötigte Größe immer als erste weg sei. Sie erzählte weiter, sie habe vor 15 Jahren in Nizza einmal zu wenig Geld gehabt, um sich zu einem dort erstandenen orangeroten Badeanzug von Dolce & Gabbana den dazu passenden orangeroten Pareo zu kaufen. Das habe sie richtig traumatisiert. Sie erzählte, dass sie Jahre später noch immer auf der Suche nach einem ähnlichen Teil durch Strandboutiquen gestreift sei, den orangeroten Pareo im Kopf wie einen ruhelosen Geist.

Christopher erwiderte, dass der Kauf dieses Kleides eindeutig ein emotionaler und kein rationaler Akt wäre, und dass er den Pareo von Dolce & Gabbana auch nicht zurückbringen werde. Zudem erinnerte er Valeria an meinen Kontostand, und dass der keine geeignete Basis sei, bereits im Januar wie ein verrücktes Huhn Teile zu kaufen, die ich doch erst Monate später tragen würde.

Valeria kapitulierte, Christopher gewann.

Im Mai, als der Hersteller einen Frühjahrsrabatt in Höhe von 20 Prozent anbot, ging die Auseinandersetzung von neuem los. Mein Ich, mein innerer Trainer, brauchte jede

Menge Geduld und Einfühlungsvermögen, um zwischen der von Natur aus starken Valeria und dem von ihm aufs Feld geschickten Christopher zu vermitteln.

Was bereitete mir die größte Unlust? »Dieses Kleid nicht zu kaufen«, antwortete meine innere Valeria auf diese Frage. »Dieses Kleid zu kaufen«, antwortete mein innerer Christopher darauf.

Aus der gefühlten Patt-Situation ging neuerlich mein innerer Christopher als Sieger hervor. Ich kaufte das Kleid auch im Frühjahr nicht.

Als es schließlich im Sommerschlussverkauf mit 50 Prozent Rabatt zu haben war und ich es noch dazu gerade geschafft hatte, die Rückzahlung von Wien Energie auf mein Konto zu bekommen, lenkte Christopher ein. Er fand nun auch, dass dieses Kleid zu diesem Preis mit dieser Vorgeschichte kein Impulskauf mehr war, sondern eine sinnvolle Investition in meine Garderobe. Also bestellte ich es und freute mich nun umso mehr darüber.

Jetzt stand das Kleid für alle möglichen Dinge in meinem Leben. Dafür, dass mein innerer Christopher jemand war, der es verdiente, angehört zu werden und mit dem ich mich mit der Zeit vielleicht tatsächlich anfreunden würde. Dafür, dass ich und mein innerer Trainer stark genug waren, um mein inneres Team aus der Spirale des Chaos zu führen und dabei den bunten, lebensfrohen und genussbereiten Seiten meiner inneren Valeria trotzdem Raum zu lassen. Und letztlich dafür, dass ich Herrin über mein eigenes Leben war.

Wenn ich das Kleid wie heute trug, war es viel mehr wert, als jedes gedankenlos oder im Stress bestellte Teil. »Ja, du hast recht«, sagte ich zu Shird. »Ich habe mir ein neues Kleid gekauft. Und ich bin stolz darauf und glücklich darüber. Denn meine innere Valeria hat es sich ausgesucht und mein innerer Christopher hat seinen Segen dazu gegeben, nachdem seine Bedingungen erfüllt waren.«

Es gelang mir inzwischen nicht nur viel besser, meinen inneren Christopher zu aktivieren, auch mein innerer Bono verbrachte seine Zeit nicht mehr als Dauergast auf der Ersatzbank. Er war zurück im Team und machte mein Leben bunter, intensiver und dabei ausgeglichener.

Seine Rückkehr war wie die meines inneren Christopher allmählich erfolgt, doch es gab einen Tag, an dem ich sie festmachen konnte. Es war jener verregnete Tag, an dem ich bei seinem Namensgeber, dem Musikhändler Bono, im Laden war und wir bei Jazzmusik Kaffee getrunken und darüber geredet hatten, wie die Musik aus meinem Leben verschwunden war.

»Was hörst du da?«, fragte mich ein Kollege kurz nach jenem Tag, als ich vor der Morgenbesprechung unserer Abteilung mein Handy samt Kopfhörern auf den Tisch legte. Wir waren früh dran, warteten noch auf einige andere Kollegen und hatten ein bisschen Zeit zum Reden.

Ich öffnete die betreffende Seite auf YouTube und zeigte ihm den Song, den ich gerade gestoppt hatte. »Hope to Die« von Orville Peck. »Ich bin darauf gestoßen, nachdem ich im Radio ‚Dead of Night‘ vom gleichen Sänger gehört habe«, sagte ich.

»Hope to Die?« Mein Kollege lachte. »Bringt dich das in der Früh in gute Stimmung?«

»Ich muss nicht immer in guter Stimmung sein«, sagte ich, ganz meinem inneren Bono folgend. »Wirklich nicht. Wir sagen ja auch unseren Patienten, dass nicht immer alles eitel Wonne ist. Heute ist einfach ein übler Tag und ich akzeptiere das.«

Meine Tochter war krank, die Babysitterin kränkelte ebenso. Der Hund war wieder im Hungerstreik. Das Wetter passte mit Nebel und gefrierendem Regen perfekt dazu. Letzterer hatte mich am Weg zur Arbeit trotzdem unvorbereitet erwischt.

Meine Sneakers waren durchnässt und meine Lederhandtasche hatte Wasserflecken. An diesem Tag hatte ich wirklich nichts zu lachen.

Aber schließlich ist das Leben wie eine Schallplatte, dachte ich, und es ist nun einmal in Ordnung, nicht immer nur die guten Songs hören zu können. Diese langweiligen, mühsamen und nervigen Lieder, durch die wir durchmussten, hatten auch ihren Sinn. Sie eigentlich waren es, die uns zeigten, wie schön die schönen Lieder waren.

Mit meinem inneren Bono war ich wieder richtig gut befreundet. Ich verbrachte Nachmittage mit Stapeln von Schallplatten und sah mir in Ruhe Plattencover an. Ich hörte bei langen Zugfahrten stundenlang Musik und las wieder Songtexte, auf der Suche nach Wahrheiten, die mir die Welt in poetischem Licht zeigten und alles, was mich sonst so beschäftigte, relativierten.

Immer öfter löste mein innerer Bono meine innere Valeria ab und ging bedächtig aufs Spielfeld, während Valeria auf der Reservebank Platz nahm. Er brauchte nicht mehr als eine Schallplatte oder ein gutes Buch, das für ihn im besten Fall nicht von Amazon, sondern aus einem kleinen Buchladen kam.

Jüngst führte ich mein bisher letztes Gespräch mit Alex über Fußball. »Wie konnte es so ein kleines Land wie Kroatien ins Halbfinale der Fußball-Weltmeisterschaft schaffen?«, fragte ich ihn. Ich hatte die Bilder von den feiernden Fans in Zagreb und vielen anderen Städten gesehen, die Euphorie der Kroaten und auch der Spieler selbst, die für ihre Feier einen Schlagerstar einluden und auf den Tischen tanzten.

»Da haben viele Faktoren mitgespielt«, antwortete Alex. »Kroatien hat gute Spieler, die in erfolgreichen Mannschaften überall auf der Welt spielen. Sie haben mit Luka Modrić aber nur einen richtigen Star im Team. Ich denke, es hat ihnen gutgetan, dass sie alle so ziemlich gleich stark waren und auf gleicher Augenhöhe spielen konnten. Erinnere dich an die Europameisterschaft 2016, bei der es Island, ein Land mit bloß 300.000 Einwohnern, bis ins Viertelfinale schaffte. Das war vergleichbar. Wenn solche Mannschaften perfekt aufeinander eingespielt sind, können sie mehr erreichen, als welche, die mehrere Spieler mit Marktwerten jenseits der 100 Millionen Euro haben, bei denen es aber nicht rund läuft, weil sich immer einzelne Spieler in den Vordergrund drängen. Sie profitieren dann davon, dass im Fußball immer alles möglich ist.«

Das Gleiche gilt auch für uns und unser inneres Team, dachte ich. Wenn unsere vier inneren Persönlichkeiten auf gleicher Augenhöhe agieren können, wenn sie gut aufeinander eingestellt sind, gleich wichtig sind und wenn wir und unser innerer Trainer sie alle gleich wertschätzen, dann können wir in sämtlichen Lebensbereichen sehr erfolgreich sein. Denn dann sind wir variantenreich, wenn es darum geht, Herausforderungen zu bewältigen, und dann stimmt unsere innere Motivation. Wie Kroatien und Island können wir es so bis an die Spitze schaffen. Denn letztendlich ist das Leben in einem Punkt ganz bestimmt genau wie der Fußball: Alles ist möglich!

SCHLUSSBEMERKUNG

Bei den Fragebögen handelt es sich nicht um validierte und publizierte Fragebögen aus Studien. Die Autoren haben die Fragebögen vielmehr selbst entwickelt. Sie nehmen Bezug auf Persönlichkeitsmuster, die der deutsche Psychoanalytiker, Psychologe, Psychotherapeut und Autor Fritz Riemann (1902 bis 1979) in seinem Buch »Grundformen der Angst« beschrieben hat.

Aus den Fragebögen ist keine fixe Aussage ableitbar und sie haben keine diagnostische Bedeutung, auch dann nicht, wenn sich daraus besonders hohe oder besonders niedrige Werte ergeben. Sie dienen vielmehr dazu, die eigene Selbsteinschätzung im Rahmen aller anderen in diesem Buch gegebenen Hinweise zu objektivieren und messbarer zu machen.

Dieses Buch ersetzt auch keine Diagnostik und keine psychotherapeutische oder psychiatrische Behandlung. Sollte es Ihnen psychisch schlecht gehen, bitten wir Sie, sich an die in Ihrer Region dafür zuständigen Stellen zu wenden.

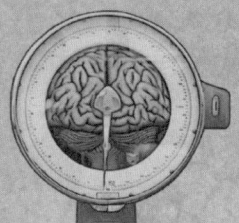

Dr. Marion Reddy
Dr. Iris Zachenhofer

edition a

KOPFSACHE
SCHLANK

Wie wir über unser Gehirn
unser Gewicht steuern

Dr. Marion Reddy
Dr. Iris Zachenhofer
Kopfsache schlank
Wie wir über unser Gehirn unser Gewicht steuern

Es hat einen Grund, warum Diäten nie funktionieren: Unser Essverhalten ist in den für unsere automatisierten Verhaltensweisen zuständigen Basalganglien abgespeichert. Wenn wir unser Essverhalten ändern wollen, müssen wir deshalb zuerst unsere Basalganglien neu programmieren. Die Psychiaterin und Neurochirurgin Dr. Iris Zachenhofer und die Neurochirurgin Dr. Marion Reddy erklären, wie das geht, und an welchen Schrauben in unserem Gehirn wir noch drehen können, um schlanker zu werden, ohne zu hungern.

208 Seiten, € 21,90
ISBN 978-3-99001-155-3

Priv.-Doz. Dr. med.
Katharina Schmid

KOPFSACHE
GESUND

Die Wissenschaft entdeckt
die Heilkraft der Gedanken

edition a

Priv.-Doz. Dr. med. Katharina Schmid
Kopfsache gesund
Die Wissenschaft entdeckt die Heilkraft der Gedanken

Wenn wir unseren negativen Gedanken freien Lauf
lassen, schaden wir nachweislich unserer Gesundheit. Andauerndes Grübeln über Sorgen und Ängste
schwächt unser Immunsystem. Unser Umgang mit
Stress beeinflusst sogar unsere Genregulation. Das
sind zwei von vielen aktuellen Forschungsergebnis-
sen, die die Wirkung unserer Gedanken auf unsere
Gesundheit belegen. Daher sollten wir umdenken.
Durch die anschauliche Aufbereitung neuester wis-
senschaftlicher Erkenntnisse gibt die Ärztin Katharina Schmid unserem Gesundheitsbewusstsein ein
gänzlich neues Selbstbewusstsein. Mit Köpfchen finden wir Möglichkeiten der Gesundheitsvorsorge und
der Heilung, von denen wir bislang nicht zu träumen
wagten.

208 Seiten, € 22,00
ISBN 978-3-99001-283-3